사랑에 빠지지 말 것
사랑을 할 것

Never Fall in Love
Just Love

슈히 지음

prologue

사랑도, 이별도 잘 하고 싶어서

'도대체 왜 내 사랑은 늘 아픈 거야?'

2016년 어느 저녁, 공터에 앉아 편의점에서 산 소화제를 마시며 생각했다. 왜 대체 나는 이렇게 매번 아픈 사랑을 해야 하는 건지, 왜 이렇게 엉뚱한 사람만 계속 만나는 건지, 나는 그 누구보다 사랑을 간절하게 원해서 최선을 다하는데 왜 남는 건 이런 소화불량 따위인가 싶었다. 마시던 소화제마저 다시 얹히는 기분에 가슴을 툭툭 치며 다짐했다.

'이제는 건강한 사랑을 하고 싶다.'

그렇게 건강한 사랑을 찾겠다는 나의 여정은 그날부터 시작됐다. 하지만 다짐이 무색하게도 나는 계속 스스로를 아프게 만드는 선택을 했다. 건강한 사랑과는 거리가 먼 연애만 반복했다. 그래서 지금 누군가가 나에게 연애와 사람 마음을 어떻게 그렇게 잘 아냐고 묻는다면 나는 망설임 없이 이렇게 대답할 수 있다.

"제가 이미 다 했던 거라서요!"

지금의 나는 콤플렉스에 수없이 넘어지고 깨지며 만들어진 사람이다. 그래서 과거의 내가 왜 그런 선택을 했는지 누구보다 잘 안다. 그래서 때로는 따뜻하게 위로하고, 때로는 따끔하게 혼을 내며, 또 어떤 날엔 내 이야기를 들려주며 누군가가 자신의 상황에 빗대어 생각해 볼 수 있게 돕는다.

나는 온 마음을 다해 바라본다. 누군가가 과거의 나처럼 스스로를 아프게 만드는 선택은 하지 않기를.

물론 안다. 직접 겪고, 상처받고, 울어봐야 깨닫는다는 걸. 그래도 나는 조금이라도 덜 아프길, 조금이라도 덜 두

렵길 바라며 끊임없이 용기를 건네고 싶다.

"당신은 혼자서도 충분히 반짝이는 사람이에요."
"당신은 행복한 사랑을 할 자격이 있어요."
"당신은 예쁜 사랑을 할 수 있는 사람이에요."
"당신은 사랑받아 마땅한 사람이에요."

이 책은 사랑과 이별 그리고 관계와 자존 사이에서 벌어지는 이야기로 가득한 책이다. 비록 멋드러진 말은 없지만, 왜 힘들 때면 생각나는 친구가 있지 않은가? 같이 있기만 해도 마음이 편해져 기대고 싶은 그런 친구 말이다. 나는 이 책이 당신에게 그런 친구가 되어주었으면 좋겠다. 사랑이 힘들어도 다시금 용기를 내는 데에 도움이 되길 진심으로 바라며 우리 함께 이야기를 나누어보자.

당신이 사랑에 빠지기보다는 사랑을 하기를 바라며 이야기를 시작하려고 합니다.
잘 부탁드려요.

[차례]

prologue
사랑도, 이별도 잘 하고 싶어서 … 5

제1장
사랑에 빠져 가라앉는 사람

해가 다시는 뜰 것 같지 않아서 … 15
너를 사랑하겠노라고 … 18
사랑은 다시 못할 것 같아서 … 21
그렇게 됐어 … 23
잎새뜨기 … 26
나쁜 타이밍 … 29
반쪽짜리 달 … 37
반쪽짜리 껌에도 무너지는 마음 … 41
그리움의 대상은 … 46

내일, 내일 … 49
재회는 미친 짓인가? … 51
한여름 밤의 꿈 … 56
이별의 다섯 단계 … 62
이터널 선샤인 … 65
이별 후 친구로 지내자는 말 … 68
이별이 쌓이면 어떻게 될까? … 71
솔직한 대답 … 73
완벽한 … 77
뿌리 … 85
이별 뒤에 하면 후회하는 것 … 87

발버둥 쳐서 벗어나고 호흡하기

등산 … 93

고통스러운 일이 안 벌어졌으면 좋겠어 … 96

바다로 가는 길에 들른 휴게소 … 99

바닷가재 … 105

소나기 … 108

미움 … 113

이기적인 선택 … 116

사랑에도 유통기한이 있다면 … 118

사랑하는 마음만으로 사랑이 되진 않는다 … 121

줄을 놓는 순간 … 123

최고의 복수법 … 126

맵고, 짜고, 달콤한 … 129

안 맞는 신발인 줄 모르고 … 132

마음 한구석이 찝찝한 관계 … 135
이별한 당신에게 다정하길 … 138
설레지 않는 크리스마스 따위 … 140
결혼도 못한 30대라니 … 143
옳은 선택을 하는 방법 … 146
Meant To Be … 148
이탈리아의 한 포도밭 이야기 … 151
밀물 썰물 … 153
옳은 선택이 나를 아프게 할 때도 있다 … 156
날씨 참 좋다 … 159
외로워, 연애하고 싶다 … 162
불안형에서 벗어나는 방법 … 165
그 사람은 아니라는 증거 … 170
갈대처럼 살아가는 우리 … 175

제3장
사랑을 하려고요

지나간 사랑은 나에게 이정표가 되어 … 179

사랑의 정의 … 182

너무 사랑해서 눈물이 나 … 185

우리의 사랑은 이런 모습이다 … 188

지나간 사랑도 사랑이었구나 … 191

우연 혹은 운명 … 196

미친 부분을 알아준다는 것 … 200

아파도 끌어안을 수 있는 게 사랑이다 … 202

달라도 괜찮을까? … 209

우주 … 213

이덕자, 우리 할머니 … 215

자식이 참 귀해 … 218

아름답다 … 221

따뜻하게 오래 보자 ⋯ 224
마지막 한 조각이 남는 관계 ⋯ 226
그냥 너에게 해주고 싶은 말 ⋯ 228
내 이름 세 글자로 된 영화 ⋯ 229
절대 사랑에 빠지지 말 것, 사랑을 할 것 ⋯ 234

epilogue
고맙습니다 ⋯ 238

사랑에 빠져
가라앉는 사람

해가 다시는 뜰 것 같지 않아서

 퇴근 시간이 되기 전이라 버스 안은 다행히 제법 자리가 있었다. 다행이라고 생각하며 무거운 몸을 이끌고 자리에 앉았다. 오늘은 이어폰을 집에 두고 나와 창문에 살짝 머리를 기대어 멍하니 버스에서 흘러나오는 라디오를 듣고 있었다.

 "지금 여기 스튜디오 밖으로 하늘이 보이는데 하늘이 정말 예쁘네요. 근데 여러분 혹시 동트기 전이 가장 어둡다는 말 아시나요? 인생에 빗대어 많이 사용하는 말인데, 힘든 순간이 내 앞에 있다는 건 동트기 전 하늘과 같아서 조금만 기다리면 내 인생도 밝은 해가 뜬다고 표현하기도 하잖아요."

라디오를 듣고는 괜히 고개를 살짝 들어 창밖을 바라보았는데, 해가 뉘엿뉘엿 지는 하늘이 정말 예쁘다고 생각했다.

"근데 동트기 전이 가장 어둡다는 말은 사실 과학적으로 맞지 않다는 사실을 아시나요? 가장 어두운 시간은 12시에서 1시고 사실 동트기 전이 가장 춥다고 해요. 그런데 이런 위로에 과학이 뭐가 중요하겠어요. 지금 버릴 수 없을 만큼 힘들다면 동이 틀 때가 머지않았을 때라는 겁니다."

흥미롭게 라디오를 듣다가 문득 인생에서 가장 추웠던 시절을 떠올렸다. 두 번 다시는 돌아가고 싶지 않은 시간. 얼마나 싫었냐면 마치 영영 어둠 속에 갇힌 것만 같은 기분이랄까. 당시에는 매일 매일이 두려움의 연속이었고 몸을 한껏 웅크리고는 고통과 슬픔을 온몸으로 견디기 바빴다. 다들 시간이 약이라던데 망할 시간은 흐르지 않는 것 같았고 날마다 암흑 속에서 허우적대며 안간힘을 쓰며 살았다.

근데 절대로 괜찮아지지 않을 것 같던 아픔은 6개월이 지나고 나니 언제 그랬냐는 듯 괜찮아졌다. 라디오에서 나온 말처럼 가장 추웠던 시절이 동이 트기 전이었던 거다. 사람마다 치유되는 시간이 다 다르지만, 힘들 때는 너무 아등바등하지 말고 발버둥 치지도 말고 그저 따스한 해가 뜨기를 기다리면 된다. 해는 반드시 뜰 거고, 우리의 마음은 다시금 온기를 되찾을 테니 말이다. 깊은 아픔은 있어도, 영원한 아픔은 없더라. 그러니 당신의 아픔도 이제 머지않았다.

너를 사랑하겠노라고

여자에게 행복은 사랑이었다. 그런데 아이러니하게도 여자는 늘 사랑 때문에 아팠다. 얼마 전 끝난 연애에서도 여자는 마음을 다쳤다. 하지만 그 정도의 아픔으로 사랑을 포기할 사람은 아니었기에 묵묵히 마음을 추스를 뿐이다. 마음 한구석은 여전히 공허하고 외로웠지만, 자신의 삶에 집중하며 살아가는 것만큼 좋은 치유법도 없었다. 시간이 조금 흘러 마음이 어느 정도 아물 무렵, 한 남자가 여자의 인생에 불쑥 찾아왔다. 그리고 둘은 빠르게 사랑에 빠졌다.

여자는 그가 자신의 행복이라 믿었고, 부푼 기대감으로 하루하루를 채워갔다. 그러나 그 믿음이 잔인한 환상에 불과하다는 걸 깨닫기까지는 그리 오래 걸리지 않았다. 남자는 늘 여자가 자신의 모든 상황을 이해해 주길 바라면서 막상 상대방을 조금도 이해하려고 하지 않았고, 익숙함에 속아 연애를 방치하는 지경까지 이르렀다. 그럼에도 이 남자가 자신의 행복이라고 믿고 싶었던 여자는 최대한 많은 이해와 배려를 하려고 부단히 노력했지만 이내 그 마음마저 산산조각이 나버렸고, 그 파편들은 온몸에 박혀 여자를 고통스럽게 했다.

'나는 왜 매번 이기적인 사람만 만나는 건지, 이 세상에 좋은 사람이 있기는 한 걸까? 왜 나만 매번 이렇게 아파야 하는 건지….'

여자는 자신이 처한 상황이 그저 억울하고 서글펐다. 아픔을 잊기 위해 억지로 새로운 사람을 만나기도 했지만 상처가 아물기 전에 만든 관계는 마음을 더 공허하게 만들 뿐이었다. 제대로 아물지도 않은 상처 위에 또 다른 상처 내기를 반복하던 여자는 다칠 기운마저 없어지고 나서야 그 짓을 멈췄다. 마치 브레이크가 고장 난 트럭이 가드레

일을 들이받고 나서야 멈춘 꼴이었다.

그렇게 시간이 지나 어느 날, 퇴근 후 머리를 묶으며 화장실로 들어가 세수를 하려다가 문득 거울에 비친 자신을 멍하니 바라보게 된다. 그러다가 갑자기 무언가를 깨달은 듯 여자는 눈물을 흘리며 울기 시작했다. 여자에게 행복은 늘 누군가를 사랑하는 것이었지만, 정작 자신을 온전히 사랑할 생각은 해본 적 없다는 사실이 서러웠다. 다리에 힘이 풀려 변기에 앉아 한참을 흐느끼다, 두 손으로 눈물을 훔치고 찬물로 얼굴을 씻었다. 차분하게 내쉬는 숨. 다시 거울을 바라본 여자는 마음속으로 조용히 다짐했다.

'지금, 이 순간부터는 거울 속 너를 사랑하겠노라고. 너를 사랑하는 게 행복의 시작이라는 것을 이제는 알았다고'

거울 속의 내 모습이 예뻐 보였던 것은 아마 그때부터였다.

사랑은 다시 못할 것 같아서

 그럴 때가 있다. 상처가 너무 커서 다시는 사랑을 시작하지 못할 것만 같을 때. 예전에는 상처받은 경험이 지금보다 훨씬 적었는데, 이제는 더 많은 상처들이 쌓여 수많은 흉터가 남았다. 그런데도 나는 내일도 사랑할 수 있고, 지금 당장이라도 다른 존재를 사랑할 수 있다.

 우리는 상처 준 누군가 때문에 사랑 자체를 포기할 이유가 없다. 지금은 그 사람이 전부인 것 같고, 이별의 고통이 너무 크고 무겁게만 느껴지겠지만, 언젠가는 그 사람도 스쳐 지나간 작은 점처럼 남을지 모른다. 그러니 귀중한 사랑을 포기하지 않았으면, 다가오는 인연을 억지로 막지 않았으면 좋겠다.

당신의 마음은 여전히 반짝이고, 반드시 좋은 사랑을 할 수 있다.

그렇게 됐어

친구들과 오랜만에 모여 술 한 잔을 했다. 아직 내 이별 소식을 전하지 못한 터라, 누군가 연애 이야기를 꺼내면 그때쯤 말해야지 생각하고 있었다. 아니나 다를까, 친구가 물었다.

"근데 너 요즘도 잘 만나고 있지?"

지금이 기회다 싶어 최대한 담담하게 말했다.

"아, 나 헤어졌어."

최대한 아무렇지 않은 척 말했지만 친구들은 놀라며 갑자기 왜 헤어졌냐, 무슨 일이 있었냐, 괜찮냐 등등 많은 질문들을 쏟아내기 시작했다. 한 친구는 왜 이제야 말하냐며 서운함을 표하기도 했다. 친구들의 질문이 이어지는 동안, 나는 마음속으로 생각했다.

'어디서부터, 어떻게 말해야 할까.'

복잡한 이유들이 머리를 더 무겁게 만들어 쉽게 입을 뗄 수 없었다. 뭐 간단하게 말하자면 가치관 차이였다. 사실 오래 만나면서 서로가 익숙해졌을 뿐, 우리 둘은 너무 다른 사람이었다. 어린 시절에는 그런 것들이 상관이 없었는데 나이가 들면서 보이지 않던 것들이 너무나도 선명하게 보이기 시작했다. 예전에 했던 이별 사유와는 너무 달랐다. 그때는 그냥 그놈이 이랬네, 저랬네 하면서 울기도 하고 웃기도 할 수 있는 것들이었는데 이제는 그럴 수가 없어서 애써 웃음기 넣은 목소리로 대답했다.

"그냥, 그렇게 됐어."

담담하게 말하고는 또 술잔을 비워냈다. 친구들도 내 마음을 눈치 챘는지 더는 질문을 하지 않았다. 다시 다른 얘기로 왁자지껄 떠들기 시작했고 나는 그 사이에 앉아 생각했다.

    이별에 무슨 말이 더 필요하겠는가? 이별은 늘 그냥 그렇게 된 일인데 말이다.

잎새뜨기

처음으로 가장 가슴 아픈 이별을 했을 때를 떠올려 본다. 아득한 기억이지만, 그때 느꼈던 고통만은 여전히 선명하다. 지금 생각하면, 그 사람 때문에 왜 그렇게까지 힘들어했을까 싶기도 하지만, 그때의 나는 처음 겪는 아픔 앞에서 너무나도 무기력했다. 폭풍처럼 몰아친 감정에 어떻게 대처해야 할지 몰랐고, 이겨내는 방법도 몰랐기에 그저 맨몸으로 버틸 수밖에 없었다. 이별의 고통은 마치 영원히 사라지지 않을 것만 같았기에 시간이 아무것도 해결해주지 못할 거라는 두려움이 있었던 것도 사실이다.

이처럼 처음의 이별은 누구에게나 어렵고, 그래서 더

아프다.

　나 역시도 큰 상처를 안고 꽤 오랫동안 연애를 이어가곤 했다. 그 아픔은 내 안에 일종의 트라우마로 자리 잡았다. 그래서 누구를 만나도 결국엔 그 사람과 같을 거라는 두려움이 먼저 앞섰고, 그 연애도 결국에는 버겁게 끝날 것만 같았다. 실제로 내 예상대로 비슷한 상처를 주는 사람을 만나기도 했고, 좋지 않은 결말을 맞이한 경우도 많았다. 여전히 이별은 아팠지만 처음 겪었던 이별만큼 무겁게 다가오지는 않았다.

　처음 겪는 이별은 수영을 전혀 하지 못하는데 바다에 던져져 허우적대느라 지나가는 배도 육지도 보지 못하는 상태였다면, 지금 나에게 이별은 생존수영 정도는 할 줄 아는 상태로 바다에 던져져서 잎새뜨기[1]를 하며 지나가는 배에 구조 요청도 해보고 육지를 향해 수영할 용기도 생긴 상태다.

1　잎새뜨기(LeafFloat)는 생존수영의 한 방법으로서 맨몸으로 물에 누워 떠서 호흡을 안정되게 하면서 에너지 소모를 최대한 줄인 채 구조를 기다리는 신개념의 생존수영법이다.

처음이라는 건 누구에게나 힘들고 어려운 법이다. 만약 고통스러운 상황에 처해 그 속에서 허우적대고 있다면 너무 안간힘을 쓰기보다는 잠시 힘을 빼길 바란다. 생존수영 중 하나인 잎새뜨기도 몸에 힘을 빼야지 가능한 자세인데, 이별의 바다에 빠져 있는 당신에게도 이런 잎새뜨기와 같은 자세가 필요하다. 그 자세는 다음과 같다.

나를 떠난 그 사람을 붙잡으려고 애쓰지 말기
그 사람이 돌아오기만을 기다리지 말기
내가 잘하고 있는 건지 의심하지 말기
내가 못난 사람이라고 생각하지 말기

잠시 멈춰서 깊게 숨을 들이마시고, 무거운 마음을 이 글 앞에 잠시 내려두길 바란다.

지금 그 고통스러운 순간도 반드시 지나간다.

"아픔은 당신을 망가뜨리지 않는다. 그 아픔을 어떻게 받아들이느냐가 중요하다."
— 미치 앨봄 (Mitch Albom)

나쁜 타이밍

 남자에게 새로운 습관 하나가 생겼다. 지하철을 타면 주변을 두리번거리는 습관이다. '혹시라도 그 여자를 마주치지 않을까' 하는 작은 바람 때문이었다. 여자가 출퇴근하는 지하철을 남자도 종종 타고는 했는데 그럴 때면 괜히 주변을 두리번댔고 여자가 내리는 역에는 시선이 오래 머물렀다. 그런 자신이 바보 같다고 생각했지만, 남자는 그저 여자의 얼굴을 한 번만이라도 보고 싶었을 뿐이다. 물론 실제로 마주하면 놀라겠지만 말이다.

 안타깝게도 기적은 일어나지 않았다. 여태껏 헤어졌던 여자들과도 우연히 마주친 적이 없었는데 이번이라고 다를까 싶어 두리번대던 자신이 한심하게 느껴졌다. 시간이 흐르자 자연스레 여자의 얼굴이 흐려지기 시작했다. 그 사실이 아쉬운 건지 아니면 슬픈 건지는 모르겠지만 아직 여자를 흘려보내고 싶지 않은 것만은 확실했다. 하지만 그런 마음과 다르게 옛 연인이 한낱 과거가 되어 가는 걸 그는 막을 수 없었다.

여느 때처럼 지하철을 타고 집으로 가던 어느 날. 피곤함에 잠시 조는 바람에 놀라 어느 역인지 확인하려고 고개를 들었을 때 남자의 시선 끝에 거짓말처럼 여자가 서 있었다. 그 순간 돌처럼 온몸이 굳었지만, 심장은 미친 듯이 뛰기 시작했다. 흐려져 과거가 되어가던 과거의 연인이 선명하게 현재가 되어 자신의 눈앞에 나타나니 보고도 믿기 어려울 지경이었다. 그 짧은 순간에 수십 번을 다시 확인하고는 서둘러 몸을 일으켜 여자에게로 향하기 시작했다. 여자에게 걸어가는 길이 꿈에서 걸어가는 것처럼 이상하고 멀게만 느껴졌다. 조용히 옆으로 가 조심스레 어깨를 톡톡 쳤고 여자는 놀라 남자를 쳐다보고는 끼고 있던 이어폰을 빼며 밝게 미소 지었다.

"오랜만이다."

"잘 지냈어?"

"응, 너는?"

"나도. 괜찮으면 이번 역에 내릴 수 있어?"

"아, 응."

둘은 지하철에서 내려 플랫폼 의자에 나란히 앉았다. 남자는 들뜬 마음을 진정시키며 입을 열었다.

"이렇게 만나네. 진짜 신기하다."

"그러게, 요즘은 어떻게 지내?"

"그냥 뭐 똑같지…. 근데 살이 좀 빠진 거 같네?"

살이 좀 빠진 듯 한 여자의 모습에 남자는 내심 걱정되었다.

"그래? 그럼 완전 성공이네. 나 다이어트 중이거든."

"나랑 만날 때도 맨날 다이어트 한다 하고 한 번도 성공 못했는데 이번에는 했네."

장난스러운 말투로 이야기하자 여자는 웃으며 가볍게

남자의 팔을 툭 쳤다. 그리고 이어진 침묵. 여자는 잠깐 망설이다가 말을 이어갔다.

"나 결혼해."

여자의 말에 남자의 심장은 멈추는 것만 같았다. 무슨 말이라도 해야 하는데 머릿속이 하얘져 아무 말도 못 하는 자신이 너무 한심했다.

"말해줘야 할 거 같아서."

그제야 남자는 겨우 입을 떼 축하한다고 말했다. 여자는 9월의 신부가 된다며 행복해했고, 남자는 저 행복이 자신이 아니라는 사실에 가슴이 먹먹해졌다. 그리고 생각했다.

'나는 그때 왜 너와 결혼을 약속하지 못했을까?'

해맑게 웃는 미소를 보며 아주 잠시 예전으로 돌아간 것 같은 느낌을 받았다. 과거의 자신이 그 어느 때보다 원망스러웠지만 이내 여자와 헤어지던 날 비겁하고 멍청한 선택을 했던 자신과 서럽게 울던 여자의 모습이 떠올랐다.

"다행이다. 좋은 사람 만나 결혼하는 거 같아서."

"고마워."

여자는 약속이 있어서 이제 가봐야겠다며 의자에서 일어났고 때마침 도착한 지하철에 몸을 실었다. 그리고 창을 통해 남자에게 손을 흔들어 보였다. 남자 역시 손을 흔들고 여자의 모습이 보이지 않을 때까지 그 자리에 우두커니 서 있다가 이내 역 밖으로 향했다. 정처 없이 길을 걷다 문득 어디선가 본 대사가 떠올랐다.

"나는 더 용기를 냈어야 했다. 나빴던 건 타이밍이 아니라, 내 수많은 망설임이었다."

저녁인데도 이제 제법 후덥지근한 바람이 분다. 생각해 보니 여자를 처음 만났던 그날과 참 비슷한 날씨다.

이제 정말 여름이 시작되었나 보다.

남자가 떠올린 대사는 드라마 〈응답하라 1988〉 중 정환의 독백이다. 극 중 정환은 첫사랑이었던 덕선을 놓치고 이렇게 독백한다.

"운명은 시시때때로 찾아오지 않는다. 적어도 운명적이라는 표현을 쓰려면 아주 가끔, 우연히 찾아드는 극적인 순간이어야만 한다. 그래야 운명이다. 그래서 운명의 또 다른 이름은 타이밍이다. 그러나 운명과 타이밍은 그저 찾아드는 우연이 아니다. 간절함을 향한 숱한 선택들이 만들어 내는 기적 같은 순간이다. 주저 없는 포기와 망설임 없는 결정이 타이밍을 만든다. 그 녀석이 더 간절했고, 나는 더 용기를 내야 했다. 나빴던 건 신호등이 아니라, 타이밍이 아니라, 내 수많은 망설임이었다."

기회의 신인 '카이로스'는 앞머리는 풍성하지만, 뒷머리는 대머리이며 어깨와 양발 뒤꿈치에는 날개가 달려있으며 양손에는 저울과 칼을 들고 있다. 카이로스 조각상은 이탈리아 북부 토리노 박물관에 있는데 조각 아래 다음과 같은 글귀가 새겨져 있다고 한다.

'내가 발가벗은 이유는 사람들의 눈에 잘 띄기 위함이고, 앞머리가 많은 이유는 내가 누구인지 사람들이 금방 알지 못하게 하고, 내가 앞에 있을 때 쉽게 잡을 수 있도록 하기 위함이며, 뒷머리가 민머리인 이유는 내가 지나가 버리면 다시는 붙잡지 못하도록 하기 위해서다. 어깨와 발뒤꿈치에 날개가 달린 이유는 최대한 빨리 사라지기 위함이며, 저울을 들고 있는 이유는 기회가 있을 때 저울을 꺼내 정확하게 판단하라는 의미이며, 날카로운 칼을 들고 있는 이유는 칼같이 결단하라는 의미이다. 나의 이름은 '기회'이다.'

망설이기만 하다가 누군가를 잃어본 적이 있을 것이다. 그런 경험을 하고 나면, 가장 괴로운 건 다름 아닌 나 자신이다. 하루에도 수십 번, 수백 번씩 그때의 나를 원망하며 마음속에서 괴로워한다. '그 사람이 내 진짜 인연이었다면 어쩌지? 이 사람 같은 사람을 다시는 못 만나면 어떻게 하지?' 같은 생각이 꼬리를 물고 자책하며 스스로를 과거에 붙잡아둔다. 수많은 만남과 이별을 반복하며 깨달은 게 하나 있다면, 그 사람은 애초에 내 인연이 아니었기 때문에 떠난 거라는 사실이다. 그리고 그 이별은 언젠가 진짜 인연이 다가왔을 때, 예전의 아픔을 반면교사 삼아 더 현명해지라는 인생의 선물이 아닐까?

쓰라린 경험은 우리에게 좀 더 나은 선택을 하게 하고, 좋은 기회가 왔을 때 그것이 좋은 기회라는 걸 알아보는 눈을 길러준다. 인생은 학교와 달라서 배우는 과정이 결코 쉽지 않다. 넘어지고 부딪히고, 직접 상처받아야만 비로소 배우는 것이 인생 수업이다.

그러니 부탁하고 싶다. 혹시라도 나의 실수와 잘못으로 일이 어그러졌을 때 너무 오래 자책하지 말기를. 그 경험 덕분에 분명 앞으로는 조금 더 단단하고, 조금 더 현명한 선택을 할 수 있을 테니까.

반쪽짜리 달

 자고 일어나자 열이 심하게 나기 시작했다. 아픈 몸을 이끌고 병원으로 향하는 내내 무슨 정신으로 걸어갔는지도 모를 정도로 몸 상태가 좋지 않았다. 병원에 겨우 도착해 진료를 받았지만, 의사 선생님도 원인을 모르겠다며 추가로 정밀 검사를 권유하셨다. 여러 말씀을 듣는데 갑자기 내가 아픈 원인을 알 것 같아서 진료비만 내고 터덜터덜 집으로 돌아왔다.

 내가 아픈 이유는 명확했다. 며칠 전의 이별 때문이었다.

 이별하고 사람이 이렇게 아플 수도 있구나 싶어서 헛웃음이 날 지경이었다. 날 이렇게 아프게 만든 그 사람과의 만남은 나름 운명 같다고 생각했는데 어쩌면 그 운명 같음에 눈이 멀어서 그 사람을 제대로 보지 못했던 모양이다.

문제는 그 사람의 전근으로 장거리 연애가 시작되면서 서서히 드러나기 시작했다. 회피 성향이 있는 사람이라는 걸 알면서도, 가까이 살 땐 자주 볼 수 있으니 그 문제를 애써 덮어두곤 했다. 하지만 거리가 멀어지자 그의 회피는 더 이상 감출 수 없었다. 한동안 못 보다 겨우 잡은 만남의 약속. 그날만 고대하고 있었는데, 약속 이틀 전에 그의 연락이 갑자기 끊겨버렸다. 그 순간, 간신히 붙들고 있던 내 마음에도 균열이 갔다. 사실 알고 있었다. 나 혼자 이 연애를 붙잡고 있었다는 걸. 나만 애쓰고 있었다는 걸.

모든 걸 모른 척하던 나 자신에게 더 화가 났다.

그리고 약속 당일, 아무렇지 않게 연락이 왔다. 화를 꾹꾹 누르며 왜 연락이 되지 않았냐고 묻자, 그는 핑계를 늘어놓기 바빴고, 그 말도 안 되는 변명을 멍하니 듣다가 나도 모르게 물었다.

"나를 사랑해?"

"응, 사랑해."

"정말로 나를 사랑해?"

"응."

망설임 없이 사랑한다고 말하는 그 사람이 염치없게 느껴졌다. 그렇지만 더 이상 화를 내고 싶지가 않았기에 침착하게 말을 이어갔다.

"근데 사랑이 어떻게 그래? 내가 아는 사랑은 그런 게 아니야…."

목 끝까지 차올랐던 그 한마디를 결국 삼킬 수 없었다. 심장은 미친 듯 뛰었지만, 그보다 더 무거웠던 건 내가 아직 그 사람을 사랑하고 있다는 사실이었다. 하지만 이미 내 마음은 확고한 상태였다. 나는 고개를 숙이고 한숨을 길게 내쉬었다.

"우리 그만하자."

그게 끝이었다. 이상하게도 눈물은 나오지 않았다. 너무 차분한 내가 오히려 이상하게 느껴질 정도였다. 그러다

며칠 뒤 갑자기 몸살이 심하게 찾아왔다. 열에 시달리며 누워서도 만남과 이별을 곱씹었다. 내가 먼저 끝내자고 한 걸 스스로 다독였다가도 후회스러운 마음이 하루에도 수십 번씩 반복했다. 몸이 나아지고 마음도 조금씩 정리되던 어느 밤, 답답한 방 공기를 바꿔보려 창을 활짝 열었다. 차가운 밤공기가 상쾌했다. 하늘에는 반쪽짜리 달이 밝게 떠 있었는데, 그 달을 바라보고 있자 갑자기 눈물이 나기 시작했다. 정말 엉엉 소리가 절로 날 정도로 울고 또 울었다. 그렇게 한참을 쏟아내고 나서야 그 사람도 흘려보낼 수 있었다.

반쪽짜리 달도 이렇게 밝은데 내 마음도 언젠가 다시 차오르지 않을까? 그러니 오늘은 반만 채워져 있어도 괜찮다. 나도 달도, 결국 다시 환해질 테니까. 그때까지는 조금 느려도 괜찮다. 나를 다독이며, 천천히 다시 빛을 되찾아야지. 지독했던 사랑도 이제 안녕이다.

반쪽짜리 껌에도 무너지는 마음

불꽃놀이를 함께 보러 가기로 한 날이었다.

늘 하루의 시작은 여자의 연락으로 시작됐다. 여자가 연락하지 않으면 남자는 연락하지 않았고, 남자가 잘못해도 여자는 늘 괜찮아야만 했다. 서운함이 쌓여도 말하지 못한 채 혼자 삭여야만 하는 그런 관계 말이다. 그럼에도 여자는 남자를 놓지 못했다. 늘 자기 동네에서 옷만 대충 입고 나와 데이트하던 남자가 유일하게 멋을 내고 데이트 코스를 준비해 주던, 단 한 번의 기억 때문이었다. 그 하루를 붙잡고 '그래도'라며 자신을 달래고 있었다.

물론 여자는 알고 있었다. 이미 관계가 한쪽으로 많이

기울어져 있다는 것을. 그래도 남자를 너무 좋아했기에 애써 이성을 눌러두고 있었다. 그런데 불꽃놀이를 보러 가기로 한 날 아침, 여자는 문득 남자에게 먼저 연락하고 싶지 않다는 생각이 들었다. 물론 핸드폰 알림을 끊임없이 확인하며 연락을 기다렸지만, 반나절이 지나도 연락은 오지 않았다. 약속 시간은 점점 다가오고 여자는 고민하다가 전날 남자에게 주려고 만들어둔 도시락과 돗자리를 챙겨 약속 장소로 향했다.

마음이 착잡했지만, 또 한편으로는 그를 만날 수 있다는 생각에 설레기도 했다. 지하철 문이 열리고 수많은 군중이 불꽃놀이를 보러 바삐 계단을 올라갔다. 여자는 혼자 의자에 앉아 핸드폰만 바라볼 뿐이다. 그렇게 10분 정도 앉아있을 때쯤 여자는 생각했다.

'지하철이 딱 4번 지나갈 때까지만 기다리자.'

평소에는 그렇게 기다려도 오지 않던 지하철이 오늘은 원망스러우리만큼 빠르게 오갔고, 그렇게 네 번째 지하철이 지나가고서도 남자는 오지 않았다. 여자는 터져 나올

듯 한 눈물을 참기 위해 아랫입술을 꾹 물고 남자에게 문자를 보냈다.

"어디야?"
"나 집."

늘 늦게 답장하던 그에게 원망스러울 만큼 빠른 답장이 왔다. 그걸 보는 순간, 마음이 차분해지면서 그간 누르고 있던 이성이 터지기 시작했다.

"우리 그만하자."

그게 끝이었다. 더는 답장이 오지 않았다. 여자는 잠시 멍하니 의자에 앉아 있다가 반찬과 돗자리를 챙겨 집으로 향하는 지하철을 탔다. 좌석에 앉자마자 카디건에 얼굴을 묻고, 들키지 않으려 숨죽여 울었다. 그렇게 집으로 와 남자를 위해 준비했던 도시락을 식탁 위에 던져두고, 그대로 침대에 누워 잠을 청했다. 아침에 눈을 뜨자마자 다시 현실이 밀려왔다. 끝났다는 사실, 이제 더는 그를 붙잡을 수 없다는 사실이 그녀를 숨 막히게 했다. 그래도 인생은 멈추지 않기에, 여자는 꾸역꾸역 주어진 하루를 살아냈다.

몇 주 뒤, 수요일 아침. 출근하기 위해서 신발을 신고 아무 생각 없이 주머니에 손을 넣었는데 쭈글쭈글한 반쪽짜리 껌 하나가 손에 잡혔다. 그 껌을 보는 순간 여자의 가슴은 쿵 하고 내려앉아 그대로 망부석이 된 듯 멈췄다.

남자와 마지막으로 데이트하던 날, 그에게 껌을 건넸는데 반만 먹겠다고 해 여자는 가지런히 반을 잘라 건네주었다. 그리고 나머지 반쪽은 주머니에 넣어 두었는데 그 껌이 주머니에서 나온 것이다. 그래도 조금은 괜찮아졌다고 생각했는데 이깟 껌 반쪽에 내려앉는 마음이라니….

여자는 잠시 껌을 바라보다가 신발장 옆 쓰레기통에 던져버리고, 조용히 현관문을 열고 집을 나섰다. 손에 쥐고 있던 핸드백이 이상하리만큼 가볍게 느껴졌다. 쓰레기통에 던져버린 건 반쪽짜리 껌 하나였지만, 그 작은 조각을 통해 마음속에 쌓아두었던 미련과 서운함까지 함께 던져버린 듯했다. 아침 바람이 상쾌하게 느껴졌다. 그래, 이 정도면 됐다. 남은 마음도 천천히 사라질 테고, 그 빈자리는 결국 다시 나로 채워질 테니까.

조금 허전해도, 이제는 괜찮을 것 같았다.

그리움의 대상은

"바람핀 사람이 뭐라고 못 잊고 있는 건지 모르겠어."

친구가 빨대로 커피를 휘휘 저으며 낮은 목소리로 말했다. 친구는 3년 동안 연애를 했는데, 그중 마지막 1년 동안 남자 친구가 바람을 피웠다고 했다. 더 기가 막힌 건 그 상대가 자신의 '친한 동생'이었고 함께 만난 적도 있다는 사실이었다.

"나 자신이 혐오스러울 지경이야."

3년이라는 시간을 한순간에 지옥으로 만들어 버린 그를 그리워하는 자신이 혐오스럽다고 느끼는 친구의 마음이 나는 충분히 이해되었다.

친구 입에 초콜릿 한 조각을 넣어주며 말했다.

"그럴 수 있어. 그 새끼가 그렇게 쓰레기였어도 보고 싶고 그리울 수 있는 거야."

친구는 초콜릿을 우물거리며 가만히 내 이야기에 귀를 기울였다.

"근데 나는 네가 그 사람을 못 잊어서 이러고 있다고 생각 안 해."

내 말에 친구는 눈을 동그랗게 뜨며 왜 그렇게 생각하냐 되물었다.

"나는 네가 그 사람을 그리워하는 게 아니라, 그때 그 사람을 사랑했던 네 자신을 그리워하고 있는 거 같아. 아니면… 그 사람이 너한테 잘해주던 순간들을 사랑하는 거지. 바람나기 전까지는 꽤 행복했잖아. 그 기억이 너한테는 여전히 소중하니까."

친구는 잠시 멈칫하더니 천천히 고개를 끄덕였다. 기분 탓인지는 몰라도 고개를 끄덕이는 친구의 표정이 아까보다는 한결 편안해 보였다.

"야, 너무 찬란했어. 네가 했던 사랑은 너무 찬란했다고. 그거면 된 거야. 자책하지 마. 네가 그리워하는 건 바람난 그 인간이 아니니까."

시선을 올려 눈을 보니 친구의 눈에 눈물이 그렁그렁 맺혀 있었다. 나는 조용히 휴지를 건네주고, 괜히 모른 척 창밖을 바라보며 커피를 한 모금 마셨다. 아무것도 해줄 수 없어서 미안했는데, 그래도 자기혐오에서 벗어나는데 작은 원동력이 된 거 같아 다행이라 생각했다.

사람들은 철 지난 인연을 그리워하며 자신을 원망하곤 한다. 하지만 우린 그 사람이 아니라, 그 사람을 순수하게 사랑했던 내 모습을 그리워하는 걸지도 모른다. 친구도, 나도, 한때는 누군가를 온전히 믿고 사랑할 수 있었던 사람이었다. 그 마음만큼은 누구도 부끄러워하지 않아도 된다. 그러니 사랑했던 나 자신까지 미워하지 않기를.

내일, 내일

내일이 오기만을 바랐다.

해가 뜨고 아침이 되어 눈을 뜨는 그 순간부터 얼른 밤이 와서 잠들기를 지독하게도 바랐다. 시간이 약이라는데, 그 빌어먹을 시간은 더럽게도 가지 않았다.

오늘이 지나면 네가 조금 흐려질까 싶어서 하루하루 내일이 오기만을 간절하게 바랐다. 그렇게 지옥 같던 순간들을 나는 사는 게 아니라 그저 견뎌냈다.

- 2016년 7월 17일 23시

이별이 힘들어 언젠가 일기장에 남겼던 글이다. 얼마 전, 이 글을 보면서 정말 놀랐다. 이때 이렇게 죽을 만큼 아팠었구나 싶어서. 생각해 보면 그때 많이 힘들어하긴 했던 거 같다. 근데 지금은 내가 그랬나 싶을 정도로 슬픔이 잘 기억나지 않는다. 지독했던 이별이 이제 그저 그런 안줏거리 이야기가 된 거다.

그렇다. 지금 죽을 만큼 아픈 고통은 시간이 걸릴 뿐, 반드시 나아진다. 그러니 무방비하게 견디고 있는 당신에게도 언젠간 지난날을 회상하며 웃을 수 있는 날이 반드시 올 것이다. 이 글을 읽는 이 순간에도 시간은 흘러가고 있으니 말이다.

"잘 가라는 말을 할 충분한 용기가 있다면, 삶은 당신에게 새로운 만남을 보장해 줄 것이다."
― 파울로 코엘료 *(Paulo Coelho)*

재회는 미친 짓인가?

재회.

많은 사람이 가장 자주 묻는 주제 중 하나이자 연애 이야기에서 빠질 수 없는 단골 소재다. 그만큼 재회는 사람을 간절하게 만들고, 동시에 괴롭히고 집착하게 만든다. 그래서일까. 재회라는 건 언제 들어도 참 지독한 녀석이지 싶다.

그런데 재회에 관해 이야기하기 전에, 우리는 먼저 이별의 순간으로 잠시 돌아가 봐야 한다.

내가 먼저 이별을 고했든, 이별을 당했든 모든 이별에

는 분명한 '이유'라는 것이 존재한다. 그 이유가 뭐였든 간에 상대와 함께하는 것보다는 헤어지는 게 더 옳다고 생각했기에 이별을 택했을 것이다. 그렇다면 정말 사랑했던 그 사람을 포기하게 만든, 혹은 그 사람이 나를 포기하게 만든 그 이유는 무엇이었을까? 이 부분을 곱씹어보면 좋겠다. 혹시 이 글을 읽는 당신이 재회를 간절히 원하고 있거나, 재회를 고민 중이라면 빈 페이지 한편에 그 이유를 직접 적어보길 바란다. 그것이 재회를 후회로 만들지 않는 첫걸음이 될 테니까.

이별의 이유가 분명해졌다면, 그다음으로 꼭 생각해봐야 할 것이 있다. 바로 사람은 쉽게 변하지 않는다는 사실이다. 이 말은 아마 귀에 못이 박히도록 들어봤을 테다. 그럼에도 다시 한번 강조하는 이유는, 많은 사람이 재회를 선택할 때 이 부분을 너무 쉽게 간과하기 때문이다. 재회를 앞두고 있거나 재회한 지 얼마 안 된 상황에서는 서로를 다시 놓치기 싫어 그 어느 때보다 헌신한다. 그래서 진짜 달라진 것 같고, 이번엔 다를 것 같다는 희망이 자연스레 생길 수밖에 없다. 하지만 그 변화는 오래가지 않는다.

결국 이별의 이유였던 문제가 다시 고개를 들고, 바뀐 줄 알았던 것은 일시적이었으며 또다시 똑같은 이유로 상처받는 경우가 많다. 제일 최악인 건, 변화하려는 시도가 서로에게 점점 부담이 되어 관계가 살얼음판처럼 아슬아슬해진다는 것이다.

당장 나만 봐도 그렇다. 내 인생을 바꿔보겠다고 밤 11시에 자고 아침 일찍 일어나겠다고 다짐하지만, 현실은 새벽 2시까지 핸드폰을 붙잡고 있고, 아침엔 간신히 지각만 모면한다. 내 마음 하나 바꾸는 것도 이렇게 힘든데, 어떻게 다른 사람을 바꾸거나 내가 누군가를 위해 바뀐다는 게 쉬울까. 결국 그건 무지개 끝의 황금 항아리를 찾겠다는 희망과 비슷하다.

이렇게 보면 내가 재회를 완전히 부정하는 것 같겠지만, 사실 나는 재회가 무조건 미친 짓이라고 생각하지 않는다. 성공적인 재회도 분명 존재한다. 영화 〈연애의 온도〉에서 주인공 동희(이민기)는 장영(김민희)을 붙잡기 위해 이런 말을 한다.

"로또 1등 당첨될 확률이 814만분의 1이래. 그래도 매주 몇 명씩 당첨되잖아. 그러니깐 그 3%는 정말 큰 거야."

이렇듯 내 주변에도 재회에 성공한 커플이 있다. 학창 시절 철없는 연애를 하고 자연스럽게 헤어졌다가 성인이 되어 다시 만나 결혼한 커플이다. 이렇듯, 아주 희박한 확률로 재회가 가능하긴 하다. 미약한 확률에 당신의 에너지와 사랑, 시간 등을 걸어 보겠다고 한다면, 나는 해보라고 말하고 싶다. 사람은 직접 경험을 해보고 아니라는 걸 몸소 느껴야 깨닫기 때문이다. 다만 꼭 기억해야 할 것이 있다. 이별의 이유가 바람, 폭력, 가스라이팅처럼 중대한 문제였다면, 그 재회는 미련이 아니라 무모함이고 상처를 반복할 뿐이다. 그렇지 않다면 한 번쯤은 직접 부딪쳐 볼 가치는 있다. 단, 완전히 새로운 연애보다 훨씬 더 많은 에너지와 인내가 필요하다는 걸 기억하자. 충분한 대화와 합의도 없는 어설픈 재회는 당신을 더 괴롭게 만들 것이다.

지금 재회를 고민하고 있다면, 다시 한번 이별의 이유를 곱씹어보고, 사람은 쉽게 변하지 않는다는 진리를 기억하길 바란다. 그리고 그 모든 걸 천천히 생각한 후에 비로소 당신이 더 행복해질 수 있는 선택을 하길 바란다.

그것이 재회든, 완전한 이별이든 말이다.

한여름 밤의 꿈

여자는 요즘 비슷한 시간에 자꾸 잠에서 깼다. 어떤 날은 밤새 여섯 번이나 뒤척이며 자다 깨기를 반복했다. 꿈도 많이 꾼 것 같은데, 막상 기억나는 건 없고 그저 '꿈을 꿨다'는 감각만 옅게 남아 있었다. 그렇게 불면의 밤이 일주일 가까이 이어지자, 몸도 마음도 점점 지쳐갔다. 사실, 그 원인을 너무나 잘 알고 있었기에 애써 애꿎은 핑계는 찾지 않았다. 그래서 그저 견디기로 했다.

함께한 시간이 무려 7년이었다. 여자가 그 긴 세월 동안 단 한 번도 이별을 생각하지 않은 것은 아니었다. 사실 마지막 1년 동안은 마음 한구석에서 이별이라는 단어를 조용히 꺼내곤 했다. 그건 권태도 아니었고, 사랑이 다한 것도 아니었다. 오히려 남자를 진심으로 사랑해서 떠올린 감정이었다.

여자는 미래를 생각하는 사람이었다. 반면 남자는 늘 '오늘'을 살았다. 가끔은 남자의 태도가 큰 위안이 되기도 했지만, 동시에 답답함을 안겨주기도 했다. 시간은 흐르고 두 사람은 서서히 나이를 먹었다. 연애의 무게는 깊어졌고, 여자는 틈틈이 스스로에게 물었다.

'이 사람과 헤어지면 많이 슬플까?'
'오래 만나서 오히려 괜찮을까?'
'이별 후 어떤 순간이 가장 슬플까?'
'그 사람이 준 선물을 바라볼 때?'
'그 사람이 쓴 편지를 다시 읽을 때?'
'아니면, 그 사람과 함께 갔던 장소를 갔을 때?'

7년이라는 시간은 꽤 길었기에 서로가 없는 일상이 잘 그려지지 않았다. 언제나 그 자리에 늘 서로가 있었기에 앞으로도 늘 그럴 거라는 막연한 생각을 했다. 아니 정확

히는 앞으로도 서로가 있길 바랐다. 하지만 유난히 따뜻했던 3월, 미래를 바라보고 있던 여자는 남자와의 다름을 인정했다. 서로 사랑했지만 다름을 인정해야 하는 순간이 둘 앞에 놓였고 결국 현실적인 이별을 택했다. 여자도 남자도 이 순간을 인정하고 싶지는 않았지만 달리 방법이 없었고 눈물로 뒤섞인 대화가 오갔다.

"자꾸 못해 준 것들만 떠오르네."
"아니야…. 그동안 내 옆에 있어 줘서 고마워. 나 이제 들어갈게. 운전 조심히 하고."

그렇게 둘의 7년은 몇 시간의 대화와 마지막 포옹으로 끝이 났다. 세상에서 누구보다도 서로를 잘 알던 두 사람이었지만, 이제는 서로의 세상에 존재하지 않는 남이 되어 버렸다. 차에서 내려 집으로 걸어가던 여자는 그제야 깨달았다.

'이별이라는 건 참 우스운 거구나.'

손끝에 남아 있는 따뜻함이 아직 식지도 않았는데, 마음은 이미 냉정하게 선을 긋고 있었다.

여자는 날마다 울었다. 이별 전에 수없이 상상했던 이별과, 막상 현실로 마주한 이별은 너무 달랐다. 여태껏 했던 그 어떤 이별보다 훨씬 더 깊고, 더 무겁고, 더 고통스러웠다. 그리고 그 아픔의 이유는 예상했던 것들이 아니었다. 여자가 가장 아팠던 순간은 이런 순간들이었다.

- 나는 이제 출근 중이야! 잘 잤어?
- 나 이제 퇴근한다! 저녁은 먹었어?
- 나는 이제 자려고, 내일 연락하자! 사랑해.

아침이면 출근했다고, 저녁이면 퇴근했다고, 밤이면 사랑한다고 말해주던 그 사소한 일상. 주말엔 뭘 할지 정하던 그 평범한 대화. 예쁜 카페와 맛집을 보면 함께 가야지 하며 즐겨찾기에 저장해 두던 작은 설렘. 그 모든 당연했던 것들이 여자를 사무치게 했다.

거창한 이벤트나 선물 따위가 아니라, 그냥 늘 거기 있던 남자라는 존재가 사라졌다는 사실. 여자는 그게 너무 고통스러워서, 이번에는 정말로 이 힘듦이 끝나지 않을 것만 같아 두려웠다. 시간이 흘러도 달라지지 않을 것 같았고, 친구들이 해주는 '시간이 약이야'라는 말조차 공허한 위로처럼 들렸다. 그런데 이상하게도, 아주 서서히 숨을 고를 수 있는 날이 찾아왔다. 그런 날이 반복되다 어느 시점이 지나니 어느새 아무렇지 않게 하루를 보낼 수 있을 만큼 괜찮아졌다. 가장 아팠던 이별이 이렇게 빠르게 괜찮아지다니…. 이별이 이렇게 허무하게 가벼워질 수도 있구나 싶어 허탈하기도 했다. 물론 여전히 문득문득 그 사람이 떠오르기도 하고, 한 번쯤 다시 만나면 좋겠다는 생각이 스며들기도 했지만, 결국 똑같은 결론에 다다를 거라는 걸 여자는 누구보다 잘 알고 있었다.

시간이 흐를수록 여자는 다시 깊은 잠을 자기 시작했다. 그리고 언젠가부터는 남자가 여자의 인생에 존재했었다는 사실이 꿈처럼 느껴졌다. 가끔은 그게 꿈인지 현실인지 헷갈릴 때도 있었지만, 여자는 그 모든 순간을 '참 오래된 좋은 꿈 하나'로 마음속에 간직하기로 했다. 그렇게 이제는 괜찮다고, 정말로 괜찮다고 스스로를 다독이며 오늘도 편안히 눈을 감았다.

오래 만나던 사람과 이별한 뒤, 어느 날 문득 '내가 정말 그 사람과 연애했던 게 맞나?'라는 의문이 들 정도로 모든 게 아득한 꿈처럼 느껴졌던 적이 있다. 그래서 누군가와 만나고 헤어지는 과정이 꿈을 꾸다 깨어나는 것과 닮아 있다고 생각했다. 꿈속에서는 비현실적이고 어색한 부분이 많아도 그때는 이상하다고 깨닫지 못한다. 그러다 잠에서 깨어나서야 '그게 이상했구나, 말도 안 되는 이야기였구나' 하고 비로소 자각한다.

사랑에 빠져 연애할 때도 그렇다. 상대의 단점이나 관계의 문제점을 제대로 보지 못하다가, 이별하고 나서야 내 연애의 허점, 상대가 주었던 상처, 이상했던 순간들이 선명하게 떠오른다. 심지어 어떨 때는 내가 대체 그 사람을 왜 좋아했나 싶은 생각이 들 때도 있다. 하지만 우리는 잠에서 깨면 그 꿈이 좋든 나쁘든 굳이 붙잡고 살지 않는다. 이별도 마찬가지다. 좋은 꿈이었든, 나쁜 꿈이었든 결국엔 '그런 꿈을 꿨구나' 하고 흘려보낼 줄 알아야 한다. 한 번에 다 털어낼 수 없더라도 괜찮다. 어떤 꿈은 유난히 오래 여운이 남듯, 어떤 이별은 조금 더 시간이 필요할 뿐이다.

이별의 다섯 단계

이별에는 다섯 단계가 있다고 한다. 물론 사람마다, 상황마다 이 단계가 순서대로 나타나는 건 아니지만, 이별을 겪는 누구에게나 이 다섯 단계가 형태만 다를 뿐, 반드시 찾아온다고 한다.

첫 번째는 부정이다. 그 사람과 이제 다시는 볼 수 없다는 사실을 쉽게 믿지 못해 이별이라는 현실을 외면하려 한다. 모든 상황이 잘못되었다고 자신을 스스로 설득하며, 이별을 인정하지 못한다.

두 번째는 협상(설득과 사과)이다. 상대와 헤어질 수 없기에 구차하게 매달리기도 하고 애원도 하며 객관성을 잃고 그저 이별을 막으려는 것에만 몰두한다.

세 번째는 분노다. 매달릴 수 있는 대로 매달려도 상대가 끝내 등을 돌리면, 마음속 감정은 분노로 뒤바뀐다. 상대를 원망하고 비난하며 때로는 억지스러운 행동이나 말을 내뱉기도 한다.

네 번째는 우울과 절망이다. 사실 우울과 절망은 이별할 때부터 이미 시작된다. 그 후로 돌이킬 수 없는 현실을 더 깊이 깨달을수록, 함께했던 추억과 약속이 모두 사라졌다는 사실에 더욱 큰 절망과 깊은 우울에 빠진다.

마지막 다섯 번째는 수용이다. 이 단계에 이르면 이전만큼 우울하지도 않지만, 그렇다고 마음이 완전히 편안한 것도 아니다. 조금씩 내 삶을 다시 찾아가려고 애쓰며 친구들을 만나고, 자기 계발을 시도하며 건설적인 시간을 보내려 노력한다.

이별 후 이 다섯 단계를 겪어보지 않은 사람은 아마 없을 것이다. 그만큼 이별 뒤 찾아오는 수많은 감정은 너무나도 자연스럽고 당연하다. 결코 이상한 것도, 못난 것도,

나약한 것도 아니다. 지금 당신이 어떤 단계에 있든 괜찮다. 이 과정이 몇 번이고 반복되어도 괜찮다. 확실한 것은, 이별은 누구에게나 고통스럽고 어렵다는 사실이다. 그러니 이별 때문에 아파하는 나 자신을 바보 같다고 자책하지 말자. 혼란스럽고 힘든 감정은 너무도 당연한 것이니까.

이별은 늘 가르침을 남기고, 그 가르침은 결국 나를 더 단단하게 만든다. 오늘의 눈물이 언젠가 웃음으로 바뀔 그 날까지, 부디 당신의 마음을 다정하게 안아주길 바란다.

그리고 기억하길, 당신은 다시 충분히 사랑받고 충분히 사랑할 수 있는 사람이라는 것을.

이터널 선샤인

누군가를 정말 사랑하게 되면, 내 마음을 꺼내서 보여 주고 싶다는 생각이 들 때가 있다. 사랑하는 마음의 크기가 너무 커서 스스로도 감당하지 못할 만큼 차올라, 말로는 감히 사랑이 담기지 않을 때면 차라리 그 마음을 직접 보여 주고 싶어진다. 그런데 참 잔인하게도 사랑했던 사람과 헤어지고 나면 그 마음의 크기만큼 아픔의 크기도 커서 홀로 감당하기가 어렵다. 그리고 안 좋았던 기억보다 좋았던 기억들만 비집고 나와 마음에 자리 잡고는 고통에 박차를 가한다. 좋았던 기억들과 다르게 그 사람과 남보다도 못한 사이가 됐다는 이질감이 나를 끊임없이 괴롭힌다.

나의 가장 큰 행복이, 나의 가장 큰 고통이 되다니. 사랑이 때로는 이렇게 잔인할 수 있구나 싶다. 그래서 그 사람을 차라리 만나지 않았다면, 그 사람을 몰랐다면 좋았을 거라는 생각을 하며 운명을 저주하기도 하는데, 이런 생각은 영화 〈이터널 선샤인〉을 떠올리게 한다.

〈이터널 선샤인〉은 남자 주인공 '조엘'이 헤어진 옛 연인 '클레멘타인'이 자신에 대한 기억을 모두 지웠다는 사실을 알고, 자신도 그녀에 대한 기억을 지우기로 결심하면서 벌어지는 이야기다.

이 영화를 처음 봤을 때 너무 아픈 이별을 겪고 난 뒤였기에 나도 나에게 아픔을 준 사람에 대한 기억을 너무나 지우고 싶었다. 하지만 지금의 나는, 내가 아팠던 그 어떠한 기억도 지우고 싶지 않다. 단순히 내가 그 아픔으로부터 나아졌기 때문이 아니다. 아픈 기억은 나에게 좋은 자양분이 되어 내가 더 성장할 수 있도록 도와줬기 때문이다.

〈이터널 선샤인〉에는 이런 대사가 나온다.

"망각한 자는 복이 있나니 자신의 실수조차 잊기 때문이라."

이 문장은 프리드리히 니체의 말을 인용한 것으로, 니체는 과거의 기억이 머릿속을 가득 채우고 있으면 새로운 것을 담을 여유가 사라진다고 말한다. 과거에 사로잡힌 사람은 새로운 것을 두려워하고 낯설어하며 결국 변화의 문을 닫아버린다. 그러니 니체가 말한 '망각한 자의 복'이란, 기억이 완전히 사라져 버리는 축복이 아니라, 과거에 아픔을 딛고 앞으로 나아갈 용기를 가진 자의 축복이 아닐까.

"흔들리지 않고 피는 꽃이 어디 있으랴…"

도종환 시인의 시처럼, 고통의 시간은 결국 우리를 더 크게 자라게 한다. 그러니 당신도 지금의 아픔을 지나 언젠가는 더 멋지고 단단한 꽃으로 피어날 것이다. 그리고 언젠가는 그 모든 기억마저 따뜻하게 떠올릴 수 있기를. 그 아픈 기억조차 사랑할 수 있기를 진심으로 바란다.

이별 후 친구로 지내자는 말

이런 고민을 털어놓는 분들이 참 많다. 내가 차였는데, 나를 떠난 그 사람이 가끔 연락할 수 있으면 연락하자면서 친구로 지내자고 한다는 것이다. 이럴 때 상대의 진짜 속마음이 궁금해지는 건 너무나 당연한 일이다.

물론, 저마다 이런 말을 하는 이유는 다 다를 것이다. 그냥 예의상 하는 말일 수도 있고, 이별 후에도 좋은 사람으로 남고 싶은 미련이나 욕심일 수도 있다. 혹은 사귄 지 얼마 안 되었고, 연애 상대로는 아니지만 사람 자체는 괜찮아 친구로 지내고 싶다거나, 남 주긴 아까워서 보험처럼 옆에 두고 싶을 수도 있다. 이유는 무궁무진하지만, 정확

한 속내는 결국 그 사람만이 알 뿐이다.

그런데 여기서 정말 중요한 한 가지가 있다. 내가 아직 미련이 남아 있다면, 그 사람과 친구로 지내는 것은 절대 피해야 한다는 것이다.

미련이 있는 상태로 친구를 가장한 관계를 이어가면, 자기 자신을 고문하는 것과 다를 바 없다. 마음 한편에 '혹시 다시 돌아오지 않을까?'라는 기대가 자리 잡으면 정리는 더디고 마음의 상처는 더 깊어질 뿐이다. 이런 상황에서 가장 먼저 해야 할 일은 오직 하나다.

내가 차였다는 '사실'에 집중해야 한다는 것.

나 역시도 이런 말을 들어본 사람으로서, 친구로 지내자는 말의 이유를 찾고 싶은 건 충분히 이해한다. 하지만 그 모든 생각의 중심에는 사실 하나가 놓여 있다. 그 사람이 나를 떠났다는 사실이다. 정말 당신을 사랑했다면 이별을 택하지 않았을 것이다.

상황 때문에 이별하는 것도 비슷하다. 일, 학업, 가정

사 등. 여러 가지 이유를 핑계로 "너를 사랑하지만 지금은 연애할 상황이 아니야. 그래도 우리는 친구로 지내자."라는 말을 할지도 모른다. 여기서 '너무 사랑하지만'에만 초점을 맞추면 안 된다. 진짜 핵심은 상대가 당신을 놓는 걸 직접 선택했다는 사실이다. 나는 그 사람에게 희망을 걸지 않았으면 한다. 그 사람에게 쏟을 에너지와 시간이 있다면 차라리 마음을 정리하고, 나의 성장과 행복에 집중하는 데 썼으면 좋겠다.

인연이라는 건 묘해서 억지로 붙잡는다고 이어지지 않는다. 진짜 내 사람이라면 내가 애쓰지 않아도 언젠가 다시 자연스럽게 만나게 될 것이다. 떠날 사람은 떠나고, 올 사람은 다시 오게 되는 것이 바로 시절 인연이니까. 그러니 그때 그 시절에 꼭 필요한 인연이었음을 받아들이고, 다음 시절에는 더 나은 인연이 찾아올 거라는 걸 믿어도 좋다. 지금은 그 사람보다 더 소중한 '나'를 위해 마음의 중심을 단단히 잡아두길 바란다.

이별이 쌓이면 어떻게 될까?

인생을 살다 보면 자연스레 이별 경험이 쌓인다. 그것은 친구일 수도, 가족일 수도, 연인일 수도, 동료일 수도 있다. 자의든 타의든, 이별이 쌓인다는 건 너무나 자연스러운 일인지 모른다. 그런데 문득 이런 생각이 든다.

"이별이 쌓인다는 건 나쁜 걸까?"

나쁠 수도, 좋을 수도 있겠다. 왜냐하면 이별을 내가 어떻게 쌓아 올리느냐에 따라 달라지기 때문이다. 이별을 마치 젠가 게임처럼 불규칙하고 불안정하게 쌓아두면, 블록 하나 잘못 올려두는 순간 와르르 무너져 내린다. 그렇게 쌓인 이별들은 결국 사람을 믿지 못하게 하고, 관계 앞에서 움츠러들게 만들며 상처투성이인 사람으로 만들어 버린다.

하지만 맞이한 이별을 차근차근 올바르게 쌓아 간다면, 그 경험들은 단단한 돌이 되어 쉽게 무너지지 않는 멋진 성이 된다. 넘어지고 아파도 다시 배워가며, 조금씩 높고 견고한 벽돌을 올려 나만의 성을 쌓아 가는 것이다.

이별은 우리 인생에서 피할 수 없는 필연적인 일이다. 누군가는 피할 수 없다면 즐기라고 말하지만, 이별은 해도 해도 결코 즐기기 어려운 고통이라 나는 권하고 싶다. 즐기려 애쓰기보다는, 차라리 그 이별들을 튼튼히 쌓아 올리라고. 그리고 그 안에서 배움을 얻고 성장해, 더 단단한 사람이 되라고.

언젠가 뒤돌아보면, 그 많은 이별이 결국 당신을 지켜주는 성이 될 것이다. 그러니 오늘 조금은 아파도 괜찮다. 당신은 지금도 멋진 성을 쌓아 올리고 있으니 말이다.

"이별은 당신을 정의하지 않는다. 그 이후의 삶이 당신을 만든다."
― 엘리자베스 길버트 *(Elizabeth Gilbert)*

솔직한 대답

언젠가 사람들에게 이런 질문을 던진 적있다.

"당신이 전 애인에게 정말 솔직한 대답을 들을 수 있다면 어떤 질문을 해보고 싶나요?"

다양한 사람들이 아래와 같은 질문을 남겼다.

- 나를 뜨겁게 사랑했던 순간이 있었는지, 헤어져야겠다고 생각한 큰 이유가 뭐였는지 묻고 싶다.
- 내가 어떤 사람이길 바랐어?
- 나를 정말 사랑하긴 했어?
- 우리는 왜 헤어져야만 했던 거야?
- 너한테 난 최악인 사람이었을까?

- 나보다 더 사랑하는 사람 만났어?

- 나랑 함께 보낸 시간을 후회해?

- 우리를 예뻤던 추억으로 기억해 줄 수 있겠어?

- 너는 지금 내가 보고 싶어?

- 내가 그때 어떻게 했었어야 네가 헤어지자고 하지 않았을까?

- 내가 걔보다 못한 게 뭐야?

- 나 진심으로 좋아하긴 했어?

- 나랑 헤어지고 후회한 적 있어?

- 나랑 헤어진 진짜 이유가 뭐였어?

- 우리 왜 이렇게 된 거야? 나의 어떤 점이 질리고 어떤 점이 널 힘들게 한 거야?

- 언제부터 나랑 헤어지고 싶다는 생각이 들었어?

- 나랑 영원을 약속했었잖아 순간적인 감정이었던 거야? 영원할 수는 없던 거야?

- 아직도 나 많이 미워?

- 결혼까지 얘기하던 우리였는데, 너는 대체 무슨 생각으로 나에게 그런 짓을 한 거야?

- 너의 시선으로 본 나의 모든 연애 기간 모습을 설명해 줘.

- 너의 진짜 속마음을 보일 수 있는 사람은 어떤 사람이어야 하니?

- 잘 지내다가도 우리의 끝을 정해버린 네가, 갑자기 꿈에서 나오는 날에는 여전히 보고 싶더라. 너도 같은 마음일까?

- 우리가 사귀기 전으로 다시 돌아간다면 너는 그때도 다시 나를 만날 거야?

- 너는 나를 얼마나 만만하게 본 거니?

- 나의 어떤 점 때문에 내가 싫어진 거야?

- 정말 나를 힘들게 하기 싫어서 그만하자고 한 게 맞아?

- 나를 놓치기 싫었던 이유가 잠자리 때문이었니?

- 그래서 지금 행복해?

- 나는 네 인생의 우선순위 중 몇 순위였니?

- 너 나 진짜 다 잊어?

- 내 인스타그램 왜 자꾸 보러 오는 거야?

- 너에게 나는 어떤 존재였어?

- 지금 네 옆에 있는 그 사람은 널 행복하게 하니?

- 그때 네가 하고자 했던 일 때문에 헤어졌는데 그 일은 잘하고 있어?

- 우리가 다시 만날 수 있는 작은 희망이라도 있을까?

- 내가 정말 좋아서 만난 거니 아니면 내 몸이 필요해서 만난 거니?

- 대체 너는 어디에 있는 거야? 그냥 어떻게 사는지 궁금해.

당신은 이런 질문을 하고 싶은 상대가 있는가?

정말 딱 하나의 질문을 통해 솔직한 대답을 들을 수 있다면 당신은 어떤 질문을 할 건가?

_____

_____

_____

_____

_____

_____

_____

_____

_____

_____

완벽한

여자는 자신의 완벽한 반쪽을 만나고 싶었다. 퍼즐 조각처럼 나와 딱 맞는 그런 사람 말이다. 흔히 말하는 소울메이트 같은 존재를 원했다.

어느 날, 친구가 물었다.

"너는 소울메이트가 진짜 있다고 생각해?"
"응 당연하지."
"나는 잘 모르겠던데."
"그럼 소울메이트가 왜 있는지 내가 설명해 줄까?"

여자는 친구에게 플라톤의 작품 중 〈향연〉에 나오는

사랑의 기원에 대한 아리스토파네스의 이야기를 하며 설명을 해주었다.

아주 먼 옛날, 인간의 모습은 지금과 달랐다. 남자와 여자, 그리고 여자와 여자, 남자와 남자, 이렇게 세 가지 성(性)이 있었고, 그들은 하나의 몸으로 붙어 손이 네 개, 발도 네 개, 귀도 네 개였으며, 한 머리에 얼굴이 앞뒤로 두 개나 달린 둥근 공처럼 완전한 존재였다. 이들은 신들에게 도전할 만큼 강했기에 종종 신들을 두렵게 하기도 했다.

신들은 인간을 모조리 없애버릴까 고민했지만, 인간이 사라지면 자신들에게 바칠 제물도 사라질 것을 걱정했다. 결국 신들의 왕 제우스는 번개를 내려 인간을 반으로 갈라버리기로 했고 인간은 반쪽을 잃어버린 채 살아가며, 원래의 완전한 상태로 돌아가기 위해 평생 자신의 '반쪽'을 찾아 헤매게 되었다.

여자는 이 이야기를 들려주며 친구에게 말했다.

"그러니까 나는 그런 반쪽을 꼭 찾아서 완전해질 거야."

여자는 자신의 완벽한 반쪽을 만나 온전한 하나가 되고 싶었다. 퍼즐 조각처럼 꼭 맞아떨어지는, 소울메이트 같은 존재 말이다. 그래서 누구보다 열정적으로 사랑했지만, 매번 끝은 상처뿐인 이별이었다. 반복된 아픔에 그녀는 점점 지쳐갔고, 자연스레 사람에 대한 믿음도 무너졌다. 반쪽은커녕 괜찮은 사람조차 없다는 불신만 쌓여가던 어느 날, 한 남자를 만났다.

그는 주변 사람들 모두가 칭찬할 정도로 따뜻하고 반듯한 남자였다. 여자는 이 사람이야말로 그토록 찾아 헤매던 반쪽일지 모른다고 생각하며 희망의 꽃을 피웠다.

두 사람은 연애를 시작했고, 만남이 깊어질수록 여자는 그가 자신의 반쪽임을 확신했다. 완벽한 관계를 꿈꾼 여자는 남자에게 바꿔주었으면 하는 점들을 하나씩 이야기했고 그의 노력에 그녀는 더 큰 행복을 느꼈다. 점차 사소한 부분까지 변화해 주길 바라는 마음에 자꾸만 요구하게 되었지만, 그는 그런 그 모습마저 따뜻하게 받아들이며 변함없는 사랑을 보여주었다. 여자는 그의 포용력 속에 깊은 안정감을 느꼈다.

어느 날, 둘은 여느 때처럼 카페에서 손을 맞잡고 이야기를 나누고 있었다. 여자는 평소처럼 그에게 작은 투정을 부리기 시작했다. 그런데 그의 표정이 점차 굳어지더니, 조심스레 손을 내려놓고 차가운 눈빛으로 여자에게 말했다.

"우리, 여기까지만 하자."

갑작스러운 말에 숨이 멎는 듯했다. 행복 속에 그가 자신의 운명이라 믿었던 만큼 충격은 더 컸다. 눈물을 글썽이며 남자의 손을 다급히 붙잡았다.

"갑자기 그게 무슨 말이야? 왜 그래?"

여자의 목소리는 떨렸고, 눈에서는 눈물이 흘러내렸다. 이 순간이 꿈이기를 간절히 바랐다. 그는 고개를 떨구고 깊은 한숨을 내쉬며 입을 열었다.

"미안해. 나는 네가 원하는 완벽한 남자가 되어줄 수 없을 것 같아."

그 말에 여자는 한 대 얻어맞은 듯 멍해졌다. 이미 더없이 완벽했던 그가 왜 이런 말을 하는지 도무지 이해할 수 없었다. 남자는 먼저 가보겠다며 일어났고 남자를 잡을 힘조차 남아 있지 않던 여자는 그 자리에서 고개를 숙여 눈물을 흘리는 것밖에 할 수 없었다. 머릿속에는 남자의 마지막 말만 맴돌았고 그 말을 곱씹으며 깨달았다. 자신 역시 누군가를 있는 그대로 사랑한 게 아니라, 완벽히 맞춰줄 사람을 원했음을. 그 어리석음이 뼈아프게 다가왔다.

한참을 울고 난 뒤 고개를 들어보니 테이블 위에 남겨진 휴지 몇 장과 물 한 컵이 눈에 들어왔다. 우는 자신을 위해 남자가 두고 간 마지막 다정함이었다. 그 작은 배려가 더 큰 울음을 불러왔다. 여자는 다시 눈물을 흘리며 다짐했다.

자신이 찾고 있던 완벽한 반쪽이란 결국 누군가가 아니라, 불완전한 자신을 있는 그대로 끌어안아 주는 용기였다는 것을. 그리고 그 용기를 길러야 할 사람은 다름 아닌 자신이었다는 것을. 휴지와 물 한 컵 앞에 앉아 그녀는 조용히 결심했다.

이제 누군가에게서 완벽함을 찾지 않겠다고. 다시는 누군가에게 마음의 빈 곳을 채워달라고 기대하지 않겠다고. 온전한 하나가 되는 것은 결국 자신의 몫임을, 이제는 안다고.

평소 미술사에 관심이 많아 처음으로 프랑스 파리에 여행을 갔을 때 유명한 미술 작품들을 열심히 보고 왔던 기억이 난다. 그중에 <밀로의 비너스상>이라는 작품을 보고 호들갑을 떨었던 기억이 있다. 이 비너스상의 특징은 두 팔이 없다는 건데 전문가들은 이런 불완전한 비너스상을 복원하려고 다양한 연구와 시도를 했고 마침내 완전한 모습으로 복원할 수 있었다고 한다. 하지만 루브르 측에서는 복원하지 않기로 결정했다. 복원할 기술력도 충분히 갖춘 상태였는데도 불구하고 이런 선택을 한 이유는 이 조각상의 아름다움은 바로 '불완전함'에서 나오는 것이라고 판단했기 때문이다. 이처럼 불완전함이라는 것은 때때로 완전함보다 더 큰 아름다움을 선사해 주기도 한다.

혹시 누군가에게 완벽한 사람이 되고 싶은가? 혹은 완벽한 나의 반쪽을 꿈꾸고 있는가? 하지만 아쉽게도 완벽한 사람도, 완벽한 반쪽도 세상엔 없다. 인간은 애초에 완전할 수 없는 존재니까. 곱씹어보면 '완벽'이라는 말 자체가 얼마나 주관적인지 모른다. 누군가에겐 이상형이라 불리는 사람이 다른 누군가에겐 전혀 매력적이지 않을 수 있다. 그래서 나 자신이 한없이 부족하다며 자책할 필요도 없고, 반대로 누군가를 내 기준에 맞추지 못한다고 애써 실망할 이유도 없다. 혹시 지금 내가 누구보다 모자라 보인다면, 그건 성장할 여지가 남아 있다는 뜻이다. 반대로 어떤 사람이 내 기대에 못 미친다면, 억지로 맞추려 애쓰기보단 놓아주는 게 서로를 위해 낫다. 결국 누군가의 부족함도, 누군가의 넘침도 모두 누군가에게는 딱 맞는 모습일지 모른다.

나도 한때는 완벽한 반쪽, 완벽한 나, 완벽한 계획 등 완벽이라는 굴레에 갇혀서 스스로를 괴롭혔다. 돌이켜보면 이 욕심 자체가 오만함이었고 나를 더 불완전하게 만들었다. 그러니 나처럼 완벽함의 굴레에 갇혀 있다면 그 굴레에서 최대한 빨리 벗어나길 바란다.

다시 말하지만, 세상에 완벽함은 없다. 대신 불완전한 나를 조금씩 이해하고 보듬으며 사는 법이 있다. 모자람 속에 고마움이 있고, 빈틈 덕분에 따뜻함이 스며든다. 그러니 이제는 완벽을 쥐고 있느라 무거웠던 손을 놓고, 있는 그대로의 나를 사랑하며 살아가길 바란다.

뿌리

내 마음 깊은 곳에 거대한 나무가 자랐다. 어느새 뿌리를 깊숙이 내린 그 나무는, 아마도 내 눈물을 양분 삼아 자란 듯하다. 그러다 문득 깨달았다. 그 나무를 마음속에서 뽑아야 한다는 사실을. 두 손으로 나무를 잡고 힘껏 끌어당겨 보았지만, 뿌리가 너무 깊어 고통이 밀려왔다. 몇 번이고 멈춰 서서, 애써 마음을 달래며 나무를 쓰다듬었다. 쓰다듬다 보니, 그 나무가 너무 소중하고 아름다워 차마 손을 뗄 수 없었다.

하지만 시간이 지날수록 뿌리 끝부터 서서히 썩어 들어갔고, 그 썩은 뿌리가 마음 구석구석을 아프게 찔러댔다. 결국 눈을 질끈 감고 용기를 내어 나무를 뽑아냈다. 너무 아팠다. 숨조차 제대로 쉴 수 없을 만큼, 엉엉 소리가 절로 나올 만큼 고통스러웠다. 뽑혀 나간 자리엔 깊고 큰 구멍만 남아, 도무지 메워지지 않을 것 같았다.

그렇게 시간이 흘렀다. 어느 밤, 창밖을 바라보다 문득 마음의 상처를 살며시 매만져 보았다. 예전처럼 깊거나 아프지 않았다. 아직 메마르고 조금 쓰라렸지만, 언젠가 다시 촉촉한 흙이 되어 더 단단하고 아름다운 나무가 자라리라는 희망이 싹텄다. 그 희망 하나로, 나는 밤하늘을 오래도록 바라보았다.

이제는 안다. 나무가 다시 자라날 때쯤, 나는 더 단단하고 부드러운 사람으로 자라 있을 거라는 것을. 상처가 준 빈자리 덕분에 더 많은 햇살과 바람이 스며들 테니까. 그러니 오늘 조금 비어 있어도 괜찮다. 언젠가는, 다시 마음 가득 푸른 숲이 될 테니.

이별 뒤에 하면 후회하는 것

우리는 이별을 빨리 떨쳐내고자 엉뚱한 선택을 할 때가 있다. 나도 그랬던 사람 중 하나다. 나름대로 아픔을 떨쳐내기 위한 몸부림이었지만, 그 발버둥을 조금은 다르게 했다면 어땠을까? 라는 생각을 할 때가 있다. 만약 다시 과거로 돌아간다면 나는 '이것들'을 절대 하지 않을 것이다.

첫 번째, 슬픔 외면하기

헤어지고 나서 슬픔이라는 감정을 외면해야 이별이 빨리 달아날 거로 생각했다. 그래서 괜찮은 척, 아무렇지 않은 척, 일부러 더 밝게 지내려 애썼다. 그런데 시간이 지나 깨달았다. 정말 힘들 땐 억지로 웃기보다는, 그냥 실컷 울고 슬퍼하며 내 감정에 솔직해지는 편이 훨씬 낫다는 걸. 이별 후의 슬픔은 총량이 정해져 있어서 언젠가는 밀려오게 되어 있다. 만약 지금 감당하기 힘들 정도로 마음이 아프다면, 믿을 만한 전문 상담가에게 털어놓아 보는 것도 좋은 방법이다.

두 번째, 늦은 시간까지 깨어있기

물론 너무 슬프고 힘들면 제시간에 잠들기가 어려울 수 있다. 이별 후에 불면증 혹은 수면 장애로 괴로워하는 경우도 많기 때문이다. 사람은 낮보다 밤에 취약해진다. 새벽 감성이라는 단어가 있을 정도로 새벽이 되면 사람은 생각이 많아지고 그리움도 더 커지기 마련이다. 잠이 오지 않아도, 새벽 감정에 너무 휘둘리지 말자. 내일 해가 뜨면 분명 생각이 조금은 달라질 것이다.

세 번째, 자책하기

이별이라는 건, 때로는 그냥 그렇게 흘러가게 되어 있는 일이다. 모든 잘못을 나에게 돌릴 필요는 없다. "내가 부족해서 그런 걸까?", "그때 다르게 행동했더라면 달라졌을까?" 같은 생각이 밀려올 수도 있다. 하지만 그런 질문은 결국 나만 더 아프게 할 뿐이다. 그 관계는 애초에 거기까지였을 것이다. 언젠가는 어떤 식으로든 끝이 났을 사랑이었다고, 마음을 다독여주면 좋겠다.

네 번째, 당한 만큼 복수하려는 마음 갖기

전 애인에게 상처받으면 미운 마음에 복수하고 싶은 마음이 들 수 있다. 하지만 '복수'라는 감정은 인간이 가질 수 있는 부정적인 감정의 정점이다. 게다가 그 사람은 내가 품고 있는 이 분노와 억울함을 알지 못한 채 잘 살 텐데, 나만 불필요한 감정을 껴안고 사는 건 억울하지 않은가. 최고의 복수는 다 잊고 보란 듯이 행복하게 사는 것이다. 잘 살아내라. 그게 가장 멋진 복수다.

다섯 번째, 술로 슬픔 달래기

가벼운 반주 정도의 술은 괜찮다고 생각한다. 하지만 한 번이라도 이별 후 술에 기대 본 사람이라면 안다. 감정이 억눌러지지 않고, 결국엔 주체할 수 없을 만큼 마시게 된다는 걸. 그렇게 취한 밤이 지나면 남는 건 숙취와 간 손상, 그리고 텅 빈 통장뿐이다. 차라리 따뜻한 차 한 잔이 훨씬 낫다.

여섯 번째, 전 애인 SNS 염탐하기

누군가를 잊기 어려운 상황 중 하나가 어쩔 수 없이 계속 마주쳐야 하는 상황이다. 전 애인 SNS를 기웃거리는 건 나를 다시 그 사람 앞에 세우는 것과 같다. SNS 염탐은 철저히 나 자신과의 싸움이다. 마음 단단히 먹고 멈추자.

일곱 번째, 새로운 사람 급하게 만나기.

외로움을 채우기 위해 사람을 급하게 만나는 건 체한 배에 음식을 억지로 밀어 넣는 것과 같다. 전 애인이 마음에 가득한 상태로 억지로 누군가를 밀어 넣으려고 하면 꽉 찬 봉투에 물건을 억지로 밀어 넣은 것처럼 어딘가가 터져버리고 말 것이다. 물론 새로운 사람 덕에 잠깐은 외로움이 사라질 수 있다. 그러나 새로운 누군가로 빈 마음을 채우려고 하다 보면 나중엔 혼자서 오롯이 설 줄 모르는 사람이 돼버릴 것이다. 마음이 어느 정도 정리되고 새로운 사람을 만나도 전혀 늦지 않다. 그러니 혼자서 외로움과 공허함을 이겨내 보는 걸 정말 추천한다. 이때야말로 혼자서 오롯이 서는 법을 배울 수 있는 가장 좋은 순간이다.

이 7가지를 하지 않는다고 해서 이별의 슬픔이 금세 사라지는 건 아니다. 하지만 적어도, 이 방법들은 나를 더 힘들게 만들지 않는다. 해보고 후회했던 사람으로서 확실히 말할 수 있다. 부디 나처럼 돌아서 후회하지 않길 바란다.

발버둥 쳐서
벗어나고 호흡하기

등산

정말 오랜만에 등산을 했다. 예전에는 거뜬하게 올라가던 산이었는데 오랜만에 오르려고 하니 버거워서 몇 번을 쉬었는지 모르겠다. 숨이 턱 끝까지 차서 입을 잔뜩 벌리고 숨을 쉬어댔더니 찬 공기 때문에 목이 아프기 시작했다. 나는 서둘러 눈앞에 보이는 쉼터로 향했다. 벌써 세 번째 들른 쉼터였다. 그곳에서 따뜻한 커피를 마시며 생각했다.

'그냥 여기까지만 하고 내려가도 괜찮지 않을까?'

오랜만에 하는 등산에 이 정도면 잘한 거라고 스스로 타협하며 내려갈 마음을 먹었다. 그런데 뒤에서 오던 등산객 무리가 내 옆을 스쳐 지나가며 힘차게 정상으로 향했다. 괜히 자존심이 상하는 건 뭐람. 나는 가방끈을 다시 고쳐 매고, 그들을 따라 천천히 걸음을 옮겼다.

숨이 또 목 끝까지 차올라 헉헉대던 찰나, 내 앞에 백발의 할머니와 아들로 보이는 남자 분께서 나란히 등산하는 모습을 보게 되었다. 그 모습이 어찌나 아름답던지 저절로 감탄이 새어 나왔다.

'나는 젊은데 왜 이러나….'

문득 스스로가 부끄러워졌지만, 곧 마음속에서 다른 생각이 피어올랐다.

'그래, 조금 늦어도, 조금 더뎌도 결국 정상에 올라간 사람이 이기는 거다.'

다시 이를 악물고 꿋꿋하게 걸음을 옮겼고, 결국엔 정상에 도착할 수 있었다. 땀범벅이 된 얼굴로 숨을 고르며 아래를 내려다보니, 그동안의 고생이 한순간에 뿌듯함으로 바뀌었다. 한참동안 눈앞의 탁 트인 경치를 바라보다가 문득 내 지난 연애들을 떠올랐다.

다른 사람들은 연애도 잘하고, 결혼도 잘만 하는 것 같은데 왜 내 연애는 늘 새드엔딩으로 끝나버렸을까. 그럴 때마다 나만 뒤처진 것 같아 마음이 무거웠다. 그런데 오랜만의 등산이 내게 깨달음을 주었다. 사람마다 산을 오르는 속도가 다르고, 정상에 닿는 순서가 다르다는 것. 내게는 아직 그 순서가 오지 않았을 뿐이다. 그날이 언제일지 알 수 없지만, 그때까지 나를 더 사랑하며, 깊게 숨을 들이마시고 내쉬며 내 길을 걸어가기로 했다. 그러다 보면 언젠가 마법처럼, 내가 기다리던 순간이 내 앞에 다가와 있을 것이다.

가벼운 마음으로 가방을 고쳐 매고, 내려갈 계단 입구에 섰을 때, 아까 힘겹게 오르던 백발의 할머니가 내 눈에 들어왔다.

'그래, 누구에게나 각자의 속도와 순서가 있는 거야.'

나는 웃으며 다시 씩씩하게 산길을 내려갔다.

고통스러운 일이 안 벌어졌으면 좋겠어

우리는 인생을 살면서 고통스러운 일이 벌어지지 않기를 간절히 기도한다. 하지만 인생은 보기 좋게 뒤통수를 치면서 그리 호락호락하지 않다는 걸 보여준다. 오죽하면 석가모니도 삶은 고해(苦海)라며 인생이 고난의 바다라고 이야기했을까. 그만큼 고통은 피할 수 없는 손님처럼 우리 앞에 자주 찾아온다.

언젠가부터 나는 그 고통을 조금이라도 잘, 현명하게 받아들이고 싶어졌다. 어떻게 하면 덜 괴롭고 덜 아플 수 있을까 고민하며 여러 방법을 시도해 봤는데, 결국 가장 좋은 답은 이것이었다.

내 앞에 벌어진 모든 상황을 '나에게 꼭 필요한 상황'이라고 생각하는 것. 그리고 그 상황에 감사하는 것.

물론 쉽지 않은 일이라는 건 나도 잘 알고 있다. 하지만 고통스러운 시간을 괴롭게 보내도, 감사하며 보내도 어차피 시간은 흘러간다. 그렇다면 이왕 아플 거 좋은 쪽을 택하는 게 낫지 않을까? 억지로 괜찮은 척, 아무렇지 않은 척하라는 말이 아니다. 오히려 충분히 아파하고 울고, 무너질 수 있을 만큼 무너져야 한다. 다만 그 끝에서 한 가지는 꼭 기억했으면 한다. 고통스러운 시간에도 언젠가 감사할 일이 숨어 있다는 것. 그리고 지금 겪고 있는 이 고통도 나를 성장시키는 재료가 된다는 것을.

정말 하기 싫은 말이고, 인정하기 싫은 말 중 하나지만 행복한 순간보다 아픈 순간이 사람을 더 크게 만든다. 나는 늘 고통스러운 순간에 많은 것들을 배웠다. 그래서 다가온 시련을 내게 주어진 최고의 상황이라고 생각하며 살아가려 노력한다.

혹시 지금, 당신 앞에도 고통과 슬픔이 찾아와 있다면

부디 원망만 하지 않길 바란다. 괴로운 마음 뒤에 분명히 숨겨진 선물이 있다는 걸 믿어보자. 그렇게 믿는 것만으로도 이미 기적은 시작되고 있다.

바다로 가는 길에 들른 휴게소

여자는 혼자 바다로 향했다. 바다를 워낙 좋아하기도 하고 그 사람과의 추억이 많은 바다를 이제는 혼자 가도 괜찮을 것 같아서였다.

그와의 만남은 특별할 것 없는 평범한 시작이었다. 첫눈에 반해 뜨겁게 시작하던 그녀의 연애와 달리, 이번은 달랐다. 그와의 관계는 뜨겁지도 차갑지도 않은, 적당한 온도였다. 그래서 늘 편안했다. 둘은 바다를 좋아해 함께 바닷가로 여행을 자주 떠나곤 했다. 같은 장소를 사랑했지만, 이유는 달랐다. 남자는 수영하는 걸 좋아했고, 여자는 물결을 멍하니 바라보는 걸 좋아했다.

어느 날 장난스러운 생각이 든 여자가 남자에게 말했다.

"나는 수영할 줄 모르니까 만약에 물에 빠지면 그냥 그대로 가라앉으면서 내 운명을 겸허히 받아들일 거야."

남자는 미소 지으며 여자의 말에 대답했다.

"내가 수영 잘하니까 구해줄 거야, 걱정하지 마."
"빠진 순간에 내 곁에 없을 수도 있잖아."
"영원히 옆에 있어 줄게."

하지만 영원은 둘에게 그리 길지 않은 시간이었던 모양이다. 영원을 약속하던 사랑은 5년 만에 끝이 났고, 여자는 자신을 떠난 남자가 미웠다. 그 원망이 쉽게 가라앉지 않을 것 같았지만, 시간은 언제나 많은 것을 해결해 주곤 한다. 1년이 지났을 무렵, 미움과 원망은 어느새 자취를 감췄고 여자는 더 이상 조수석이 아니라 운전석에 앉아 스스로 바다를 향해 나아갈 수 있게 되었다.

남자와 헤어진 뒤로 운전을 배우기 시작해 어느덧 1년이 다 돼가지만, 여전히 도로 위가 쉽진 않았다. 그래서 중간 중간 휴게소에 들러 숨을 고르며 바다로 향했다. 초보 운전자에게 운전은 신경 쓸 것도 참 많고 고된 일이지만 도착해서 탁 트인 바다가 주는 보상은 확실했다. 물론 바다 여기저기엔 남자와의 추억이 많이 흩뿌려져 있었지만, 그 위를 덤덤하게 미소 지으며 걸을 수 있는 마음의 여유가 여자에게 생겼다. 벤치에 앉아 파도 소리를 들으며 여자는 생각했다.

'내 사랑이 결국 도착할 곳은 이렇게 아름다운 바다일 거야.'

길고도 멀었던 이 바다에 무사히 올 수 있었던 건 중간중간 머물러 숨을 고른 휴게소 덕분이었다. 그러고 보면 남자도 그런 휴게소 같은 존재였는지도 모른다. 문득 그에게 고마운 마음이 들었다.

여자는 조용히 숨을 고르고 자리에서 일어나 파도가 부드럽게 밀려드는 해변을 다시 천천히 걸었다. 이번엔 홀로 걷는 길이 한결 단단해진 기분이었다.

한 번은 처절하게 버림받았다는 생각에 상대를 미워하며 괴로워한 적이 있었다. 상대가 너무 미워서 그 사람이 나만큼, 아니 나보다 더 괴로워하길 바란 적이 있었다.

정말 행복해지고 싶었다. 상대방을 행복하게 해줄 자신도 있었고 조금 외롭긴 해도 그래도 그런대로 잘 지내고 있었는데 왜 도대체 나에게 다가와 나를 만신창이로 만들어 버리는지….
원망스럽다가 화도 나고 정말 답답해 미쳐버릴 것만 같다. 난 늘 노력하며 아등바등하는데 아무 생각도, 책임감도 없이 무턱대고 다가왔던 네가 너무 원망스럽다. 언젠간 내 생각으로, 나에 대한 그리움으로 가득 차서 나처럼 괴로워하길 바란다.
네가 원망스럽지만, 나는 너를 더는 미워할 수도 없고 그냥 지금 내가 할 수 있는 건 얼른 이 시간이 흘러 내가 무뎌지길 바라는 것밖에 할 수가 없다.

2016년 5월 30일 오전 1시 10분 잠 못 드는 밤,
나의 일기.

언젠가 내가 썼던 일기다. 정말 괴로웠지만 내가 할 수 있는 거라고는 그 사람을 원망하는 것밖에는 없었다. 지금 생각해 보면 과거의 내가 참 어렸구나 싶기도 하고 한편으로는 혼자 끙끙 앓았던 내가 짠하기도 하다.

이별은 이렇게 아이러니한 감정을 많이 느끼게 해준다. 상대가 원망스러워서 괴로워하길 바라면서도 문득 그리워지고 보고 싶다는 마음과 이제는 끝내야 한다는 이성이 하루에도 몇 번씩 머릿속을 시끄럽게 만든다. 시간이 지나 돌아보면 알 수 있다. 그 사람이 없으면 안 될 것 같았던 게 아니라, 그 사람과 나눴던 좋았던 순간들, 그때 느꼈던 행복과 사랑이 아쉬웠던 거라는 것을.

그가 당신에게 어떤 상처를 남겼는지 나는 알지 못한다. 하지만 그 상처 때문에 애써 그를 미워하지 않았으면 좋겠다. 이제 지난 인연을, 목적지로 가는 길에 잠시 머문 휴게소처럼 생각해보는 건 어떨까. 그 휴게소에서 멈춘 시간이 아프고 숨 막힐지 몰라도, 언젠가 알게 될 것이다. 그 덕분에 잠시 숨을 고르며 더 단단해졌고, 그래서 더 아름다운 곳으로 나아갈 수 있었음을. 그러니 조금 더 숨을 고르고, 천천히 당신만의 길을 걸어가길 바란다.

바닷가재

4년 전, 우연히 한 영상을 본 적이 있다. 한 박사님이 잡지에서 읽은 '바닷가재는 어떻게 자라나?'라는 글을 흥미롭게 풀어 설명해 주는 영상이었다.

바닷가재는 연하고 흐물흐물한 동물인데, 아주 딱딱한 껍질 안에서 산다고 합니다. 근데 그 딱딱한 껍질은 절대 늘어나지 않는다고 합니다. 그러면 대체 바닷가재는 어떻게 자라는 것일까요?

바닷가재가 자랄수록 껍데기는 그들을 점점 더 조여 옵니다. 바닷가재는 그 압박과 불편함 때문에 포식자에게 들키지 않도록 안전한 바위 밑으로 숨어 들어가 헌 껍질을 벗어 던지고 새 껍질을 만들어 내죠. 하지만 시간이 지나면 그 껍질조차도 다시 작아지고, 바닷가재는 또다시 바위 밑으로 들어가 새 껍질을 입습니다. 그렇게 성장의 순간마다 불편함을 감수하며 껍질을 벗는 과정을 반복하는 것이죠.

바닷가재가 자랄 수 있도록 자극을 주는 것은 불편함을 느끼는 것입니다. 껍데기가 편하게 느껴지기만 했다면 바닷가재는 껍데기를 버리지 않을 것입니다.

당신에게 스트레스가 일어났다는 것은 당신이 성장할 때가 됐음을 의미한다는 것입니다. 당신이 이 역경을 제대로 이용한다면, 우리는 그것을 통해 성장할 수 있습니다.

이 영상을 본 뒤로 힘들 때마다 바닷가재 이야기를 떠올리며 나를 위로하곤 했다. 힘든 순간 중에는 당연히 헤어짐도 있었는데, 이별이 삶에 찾아올 때마다 '아, 더 좋은 사랑을 할 수 있게 껍질을 벗어야 할 시기구나.' 하고 생각하며 후유증을 견뎌냈다.

실제로, 새로운 사랑을 시작하고 나면 알게 된다. 그 고통스러웠던 이별 덕분에 조금 더 빛나는 사람이 되었다는 것을. 그러니 이별로 아프고 힘들다면, 너무 두려워하지 말았으면 한다. 당신은 이전보다 조금 더 멋진 껍질을 입기 위해 준비하고 있는 것이니까. 지나간 인연은 마음껏 벗어던지고, 마음껏 자라나길 바란다. 당신은 충분히 그럴 자격이 있는 사람이다.

"모든 이별은 당신을 더 강하게 만든다."

― 마릴린 먼로 *(Marilyn Monroe)*

소나기

여자는 늘 외출하기 전에 일기예보를 확인하는 습관이 있다. 오늘도 어김없이 핸드폰을 열어 하루 종일 맑은 거라는 걸 확인하고 집을 나섰다. 그렇게 한참을 걷다가 횡단보도에서 신호가 바뀌길 기다리고 있을 때였다. 갑자기 굵은 물방울이 묵직한 소리를 내며 하늘에서 떨어지기 시작했고 말라 있던 바닥은 순식간에 젖기 시작했다. 일기예보에서 분명 비 소식이 없다고 했는데….

급하게 피할 곳을 찾아보았지만, 속수무책으로 비를 맞을 수밖에 없었다. 다행히 건너편 건물을 발견해 헐레벌떡 그 안으로 들어가고 나서야 한시름 놓을 수 있었다.

정말 잠깐이었는데 억수같이 오는 비로 인해 머리카락과 옷이 쫄딱 젖어버렸다. 여자는 비에 젖은 옷을 털어내며 허망하게 하늘을 바라봤다. 그렇게 10분 정도 지났을 때쯤, 빗줄기가 점점 약해지기 시작하더니 거짓말처럼 해가 뜨기 시작했고 여자는 건물에서 나와 햇빛을 받으며 다시 걷기 시작했다. 허무한 마음에 하늘을 올려다보는데 피식 웃음이 났다. 이 소나기가 꼭 예전 헤어진 그 사람 같았기 때문이다.

그 이별은 여자가 맞은 소나기처럼 너무나 갑작스러웠다. 평소처럼 즐겁게 데이트를 하다 생긴 작은 싸움으로 헤어지고 만 것이다. 헤어질 걸 준비한 것처럼 행동하는 그의 모습에 큰 충격과 배신감을 얻은 여자의 마음에는 오늘 맞은 소나기처럼 억수 같은 비가 내렸다. 그땐 절대 그치지 않을 것만 같았지만 그 아픔은 거짓말처럼 나아지기 시작했다. 이렇게 소나기가 그치고 갠 것처럼 말이다.

따뜻한 햇별 아래를 걷다 보니 여자의 젖은 머리카락과 옷은 어느새 다 말라 있었고 여자는 마른 옷을 만지며 전과는 사뭇 다른 미소를 지었다.

어느 날 영화 리뷰를 보다가 '이건 꼭 처음부터 끝까지 온전히 봐야겠다' 싶어 기어이 찾아본 영화가 있다. OTT에도 없어 애써 구매해 본 영화, 바로 <투스카니의 태양>이다. 영화는 인기 작가였던 '프란시스'라는 여주인공이 바람난 남편에게 이혼당하고 모든 걸 잃으며 시작된다. 그러다 우연히 떠난 이탈리아 여행에서 충동적으로 300년 된 집 '브라마솔레'를 사게 되고, 무너져가는 집을 고쳐가며 자신의 삶도 조금씩 고쳐나가는 이야기다.

이 영화에서 가장 감명 깊었던 장면이 하나가 있다. 집을 혼자서 아등바등 고치고 있던 프란시스 앞에 뱀이 나타나고 부동산 중개인 마티니가 뱀 잡는 걸 도와주자 문득 사랑하는 남자에게 버려지고, 분수에 맞지도 않은 집을 산 자신이 비참하게 느껴진 프란시스는 울음을 쏟아내기 시작한다. 마티니는 이 집을 왜 샀냐고 물었고 프란시스는 이렇게 대답한다.

"두려움 속에서 사는 게 지겨웠어요. 저는 아직 하고 싶은 게 많아요. 이 집에서 결혼식을 올리고, 아기가 태어

나면 좋겠어요."

그 말을 들은 마티니가 들려준 이야기가 참 좋았다.

"오스트리아와 이탈리아 사이 알프스 지역엔 '세머링'이라는 곳이 있는데 경사가 말도 못 하게 가파르고 산맥에서도 아주 높은 곳이라고 해요. 그곳에 비엔나와 베니스를 잇는 철도를 만들었는데, 기차가 다니기도 전에 철도부터 만들었다더군요. 왜냐하면 언젠간 기차가 들어오리라 생각했기 때문이에요."

그 말을 듣고는 프란시스는 자신이 틀렸지 않았다는 희망을 얻고 다시 용기를 낸다. 그 후, 그 집에서 프란시스의 바람이 전부 이루어지며 영화는 끝이 난다.

이 영화를 보며 든 생각은 우리에게 믿음이 필요하다는 것이다. '반드시 괜찮아진다는 믿음' 말이다. 그러니 이별 속에서 고통스러워하고 있다면 괜찮아질 거라는 믿음을 가졌으면 좋겠다. 당신은 추운 겨울을 견디는 게 아니라 찬란한 봄을 기다리는 중이니 말이다. 물론 봄이 오기 전, 꽃샘추위가 마음을 시리게 할 수도 있지만 그럼에도 희망의 끈을 놓지 않기를 바란다. 기차가 달릴 길을 미리 깐 사람들처럼, 언젠가 당신의 마음에도 따뜻한 봄이 분명 찾아올 것이다.

당신은 어떤 믿음을 가지고 봄을 기다리고 있는가?

미움

상대방이 미움을 준 거라 생각했다.
사실 미움은 늘 우리 마음에 있었는데,
단지 상대방으로 인해 드러났을 뿐이다.
그래서 그 사람을 미워하지 않기로 했다.
오히려 고마워하기로 했다.

미움 2016년 3월 17일 오후 10:37

누군가를 죽도록 미워해 본 적이 있는가?

20대를 돌아보면, 나는 참 많은 사람을 미워하며 살았다. 특히 나에게 상처를 주고 떠난 연인을 누구보다 깊이 미워했다. 2016년에 썼던 '미움'이라는 글을 다시 읽어보니, 그때 나는 상처 준 이가 나만큼 아프길 바라며 끝없는 미움 속에 나를 가두고 있었다. 한동안 미움은 그 사람이 내게 준 감정이라 믿었다. 그런데 긴 시간 아득바득 누군가를 미워하다 보니 결국 미움은 누군가가 만들어 준 것이 아니라, 내 안에 늘 조용히 숨어 있던 것이 누군가를 통해 드러났을 뿐이라는 걸 깨달았다.

그렇다면 왜 마음속 깊이 숨어 있던 미움이 고개를 내밀었을까? 그건 아마도 미운 감정을 꺼내어 비워내야 할 때가 되었기 때문일 것이다. 누군가가 큰 상처를 주고, 잘못했다고 한들 미워하고 저주하는 마음은 나에게 좋을 게 하나 없다. 부정적인 감정은 부정적인 감정을 낳을 뿐이니 나에게 상처 준 누군가로 인해 미움이 나의 마음에 가득하다면 지금이야말로 미움을 꺼내 털어낼 절호의 기회다.

만약, 당신의 마음이 미움으로 물들었다면, 어쩌면 지금이 마음을 청소할 완벽한 순간일지 모른다. 오래 묵은 미움을 털어내고, 그 자리에 따뜻함과 긍정을 채워보길. 그 작은 정리가 생각보다 큰 평화를 가져다줄 것이다.

"미워하는 감정은 두 번 독을 품는다. 먼저 적에게, 그리고 곧 나에게."
— 루이스 B. 스메데스 *(Louis B. Smedes)*

이기적인 선택

조금은 잔인한 이야기를 해 보려 한다. 하지만 지금 누군가로 인해 아파하고 있다면 분명 도움이 될 이야기라고 믿는다.

연애든 결혼이든, 우린 이 사람이 좋은 사람이고 앞으로도 그럴 거라는 믿음과 가능성으로 관계를 선택한다. 아무도 나를 상처 주고 힘들게 할 사람이라고 생각해서 선택하지는 않는다. 종종 '이 사람은 나와 맞지 않는다'는 징후들이 있긴 하지만, 때로는 그걸 보지 못한 채 엉뚱한 사람과 사랑에 빠질 때도 있다. 그러니 내가 선택한 누군가가 나를 아프게 했다고 해서, 나를 탓할 필요는 없다.

그 사람이 나를 아프게 한다는 걸 알면서도 계속 곁에 머물며 나를 잃어가는 건 결국 내 몫의 책임이다. 아닌 걸 아는데도 놓지 못하는 마음이 얼마나 무너지는지, 나도 너무 잘 안다. 그래서 시들 때까지, 바닥까지 다 겪어보는 것도 인간답다. 우리는 직접 부딪혀 봐야 진짜 깨닫는 존재니까.

그럼에도 나는 당신이 스스로를 시들게 하는 선택은 하지 않았으면 좋겠다. 오직 나를 위한 용기 있는 선택을 해야 하는 순간은 반드시 온다. 이 글을 읽는 당신, 그 순간이 다가왔다고 느껴진다면, 부디 그 용기를 내어 주길 바란다. 이제는 조금 이기적이게 나만 생각하며 선택해야 할 때다.

"진정한 이타심을 위해서는, 때때로 이기적일 줄도 알아야 한다."
- 에드워드 알버트 (Edward Albert)

사랑에도 유통기한이 있다면

 마주하고 싶지 않던 결별이 눈앞에 닥쳤을 때, 그 고통은 이루 말할 수 없이 크다. 이별이 괴로운 이유는 참 많지만, 그중에서도 가장 괴로운 점은 바로 내가 아무리 원해도 이 상황을 되돌릴 수 없다는 사실 아닐까. 나는 여전히 그 사람과 함께하고 싶은데, 이제는 남보다 못한 사이가 되어 버렸고, 그 어떤 노력으로도 다시 예전으로 돌아갈 수 없다는 현실이 나를 가장 괴롭혔다.

 그렇게 이별 후유증으로 한참을 힘들어하던 어느 날, 우연히 본 영화가 있었다. 내 인생 영화라 해도 주저 없이 꼽을 수 있는 〈중경삼림〉 영화 속 대사 하나가 그 시기의 나를 붙잡아 주었다.

"어느 물건이든 유통기한이 있다. 꽁치도 유통기한이 있고, 미트 소시지도 유통기한이 있고, 랩조차도 유통기한이 있다. 나는 의심이 들기 시작했다. 유통기한이 없는 게 이 세상에 있을까?"

"사랑이 통조림에 들었다면, 유통기한이 없기를 바란다. 만약 사랑에도 유통기한이 있다면 나의 사랑은 만년으로 하고 싶다."

이 대사를 보고 나는 한동안 관계에 대한 사색을 오랫동안 이어갔다.

'아, 그렇구나. 인간관계에도 유통기한이 있겠구나. 그 유통기한이 다만 우리 눈에 보이지 않을 뿐, 언젠가는 결국 죽음으로라도 끝이 나겠구나. 그래서 나에게 이별이 왔을 땐 담담히 그 사실을 받아들이고, 이별로 자신을 괴롭히기보다 이 사람과의 유통기한은 여기까지였다고 생각하며 흘려보내는 마음도 가질 줄 알아야겠다.'

세상에 이별을 담담하고 쉽게 흘려보낼 수 있는 사람이 어딨겠는가? 나를 벼랑 끝까지 힘들게 한 사람과의 이별조차도 아픈 게 사람 마음인데 말이다. 하지만 일정 시간이 지나면 그 사람을 놓는 선택을 했던 과거의 내가 정말 대견하다는 생각과 함께 그때 놓길 잘했다는 생각이 들 것이다.

우리 몸에 생긴 상처도 처음엔 너무 아프고 쓰리지만 시간이 지나면 저절로 아문다. 상처가 깊었다면 흉터가 남을 수도 있겠지만, 그 흉터는 더 이상 우리를 아프게 하지 않는다. 지금 너무 아파서 이 아픔이 끝나지 않을 거 같아 두려워하고 있다면 그 아픔을 차라리 받아들이고 충분히 아파하라는 말을 해주고 싶다. 사랑한 만큼 아픈 건 아주 공평한 일이고 머지않아 '그땐 정말 힘들었지' 하고 웃을 수 있는 날이 올 테니까. 그러니 버티고 있는 나를 다독이며 건강한 일상을 되찾길 바란다. 훗날 오늘을 기억하며 이렇게 말할 테니까.

'그럼에도 나는 결국, 괜찮아졌다.'

사랑하는 마음만으로 사랑이 되진 않는다

연인 관계든, 친구 관계든, 가족 관계든 내가 별다른 노력을 하고 있지 않은데도 관계가 잘 유지되고 있다면, 그건 아마도 나와 관계를 맺은 상대가 내 몫까지 배려하고 애써주고 있기 때문일 것이다.

사랑을 한다는 것은 단순히 좋아하는 마음 하나로만 되는 게 아니다. 서로를 알아가려는 노력도 필요하고, 이해하려는 마음도 필요하며, 관계에 대한 책임을 지고 잘 이끌어가려는 노력도 필요하다. 사랑은 시작하는 것보다 유지하는 게 훨씬 어렵기에 그만큼 서로에게 많은 노력이 필요하다.

운전면허도 없는 사람이 도로 위를 막무가내로 운전한다고 상상해보자. 차선을 삐뚤빼뚤 바꾸며 위험하게 달리는데도 사고가 안 난다면, 그게 과연 그 사람이 운전을 잘해서일까? 절대 아니다. 사고가 나지 않은 건 주변 운전자들이 조심히 비켜가 주고, 안전 운전을 위해 애써주었기 때문이다. 그런데도 무면허 운전자는 본인이 운전을 잘했다고 착각할 수도 있다.

노력 없이 사랑하겠다는 건 이런 무면허 운전과 다를 바가 없다. 그리고 만약 그 관계에서 늘 안전 운전을 해주던 사람이 더는 피하지 못한다면, 그때는 큰 사고로 이어질 것이다.

관계는 반드시 '함께' 노력해야 한다. 시작은 감정으로 할 수 있겠지만, 유지하는 건 두 사람의 꾸준한 노력으로만 가능하다.

줄을 놓는 순간

대학생 때 체육대회에서 줄다리기에 참가한 적이 있다. 정말 열심히 줄을 당겼지만 아쉽게도 졌던 기억이 지금까지 남아 있다.

줄다리기를 하다 보면, 어느 순간 우리 팀이 이길지, 질지 본능적으로 알게 되는 때가 있다. 줄과 몸이 반대편으로 끌려가고, 나를 포함한 모두의 힘이 빠져가는 그 순간이다. 젖 먹던 힘까지 쏟아도, 이미 균형이 기울어 소용없음이 온몸으로 느껴진다. 그래서 끝까지 줄을 붙들다 결국 게임이 끝났음을 깨닫고 본능적으로 손을 놓기도 한다.

인간관계에도 그런 순간이 있다. 안간힘을 쓰며 상대

를 붙들던 손을 놓아야 하는 때. 그 순간이 다가와도 믿고 싶지 않아 현실을 외면하며 애써 미루지만, 이 관계의 끝이 어디로 향할지는 누구보다 내가 잘 안다. 관계는 내가 먼저 놓든, 상대가 먼저 놓든 후회가 남는다. 상대가 갑자기 손을 놓으면, 붙잡던 힘에 더 크게 넘어져 깊이 다친다. 하지만 내가 용기를 내어 먼저 놓는다면, 적어도 마음의 준비를 하고 덜 아프게 넘어질 수 있다.

우리는 알고 있다. 내 관계가 옳은지, 그른지. 늘 정답은 내 안에 있다. 그러니 지금 이 관계가 내 것이 아니라는 생각이 든다면, 아등바등 붙들고 있던 그 줄을 놓을 줄도 알아야 한다. 계속 붙들고 있으면 당신의 손, 아니 당신의 마음은 나을 새 없이 너덜너덜해질 테니까.

하지만 한 번에 다 놓으려 애쓰지 않아도 된다. 오늘은 엄지를, 내일은 검지를…. 그렇게 한 손가락씩 천천히 펴다 보면 언젠가는 다섯 손가락이 다 펴져서 그 사람을 완전히 놓는 순간이 올 것이다. 그리고 용기 내어 그 줄을 놓은 당신의 손을 잡고 말하고 싶다.

정말 고생했다고. 이제 행복해질 일만 남은 당신을 응원한다고.

최고의 복수법

당신에게 상처 준 사람에게 복수하고 싶은가? 그렇다면 내가 알려주는 방법을 실천해 보길 바란다. 이 방법이 쉬울 수도 있고 어려울 수도 있지만 복수는 늘 쉽지 않으니 이 방법을 참고해서 성공하길 바란다.

가장 먼저 할 일은 그 사람의 SNS 염탐을 멈추는 것이다. 그의 소식에 귀 기울이지 말고, 주변에서 그 사람 얘기를 꺼내는 사람이 있다면 더 이상 전하지 말아 달라고 부탁해야 한다. 그다음은 당신이 행복할 수 있는 일을 찾는 것이다. 다만 한 가지 조건이 있다. 당신의 심신을 해치는 방법은 제외해야 한다. 피우지도 않던 담배를 배우거나,

술로 밤을 지새우는 건 복수가 아니라 자해나 다름없다. 건강하지 못한 것들을 제외하고 평소에 행복하다고 느꼈던 일들이 있다면 그걸 메모장에 쭉 적어보자. 평소에 행복하다고 느꼈던 일이 없다면 오히려 좋은 상황이다. 지금부터 새로운 일에 도전한다고 생각하고 찾아나가면 된다. 이제부터 하루하루 오롯이 나만의 행복에 몰두해 보자. 그렇게 한 달, 길면 석 달 정도 지나면 당신은 분명 달라져 있을 것이다.

이게 내가 생각하는 최고의 복수 방법이다.

맞다, 허탈할 수도 있다. 차라리 직접 가서 소리라도 지르고 싶은 마음이 더 크겠지만, 끝내 마음이 후련할지는 아무도 장담 못 한다. 아니 오히려 더 비참해질 가능성이 크다. 결국 최고의 복수는 그 사람을 내 인생에서 지우고 보란 듯이 행복하게 사는 것이다. 물론 쉽지 않다. 상처가 다 아물기 전까지는 아마 많이 아플 거고, 슬플 거고, 힘들 거다. 그러나 끝까지 나의 행복을 지켜낸다면, 당신은 정말 빛나게 될 것이다. 그리고 당신 옆에 좋은 사람이 있는 걸 꿈꾸고 있다면 그 꿈이 실제로 이루어질 수도 있다. 그러니 이 복수를 끝내 성공하길 바란다. 아마 후회 없는 선택이 될 것이다.

세상에서 가장 현명한 복수를 선택한 당신을 진심으로 응원한다. 절대로 잊지 말길. 가장 멋진 복수는, 결국 내가 행복한 삶이다.

"복수는 당신을 이기게 하지 않는다. 단지 당신을 닮게 만들 뿐이다."
— 데이비드 렘닉 *(David Remnick)*

맵고, 짜고, 달콤한

맵고, 짜고, 단 음식을 좋아하는 사람들이 있다. 그중에 나는 단 음식을 매우 좋아하는 사람이었다. 커피와 달콤한 간식을 꼭 먹어야 하루를 편하게 넘길 정도였다. 물론 단 게 몸에 나쁘다는 건 너무 잘 알고 있었지만 끊는다는 건 여간 어려운 일이 아니었다. 그런데 어느 날부터 급격하게 건강이 안 좋아지는 일련의 사건을 거치면서 몸에 많은 변화가 왔고 나는 단 걸 끊기로 결심했다. 하지만 역시 쉽지 않았다. 빵, 초콜릿, 과자, 젤리를 대신한 건강한 간식을 찾아서 먹어도 영 채워지지 않는 느낌이 들었지만, 그래도 건강한 간식을 가까이하며 단 것과 거리를 두었다. 그러자 내게도 서서히 변화가 찾아왔다. 달달한 음식을 먹으면 입이 아리고 속도 불편해서 단 걸 잘 먹지 못하는 사람이 된 거다.

문득 이런 생각이 들었다. 자극적인 것에 중독되는 건 관계도 똑같다고. 맵고, 짜고, 단 음식만 찾는 것처럼 우린 슴슴한 관계를 지루해하고 자극적이고 불타오르는 사랑에 중독돼 있다. 하지만 그런 것들은 모두 순간일 뿐, 절대로 오래가지 않는다. 설령 그 관계를 오래 끌고 간다고 한들 어느 순간 분명 정신을 차리는 순간이 올 텐데 그땐 이미 몸이 여기저기 망가져 더 이상 건강하지 않은 사람이 되어 있을 것이다.

당신이 안정적이고 매일 알콩달콩 예쁜 사랑을 꿈꾸는데 매번 맵고, 짜고 단 자극적인 관계를 맺고 있다면, 거두절미하고 '내가 자극적인 관계에 중독이 되어 있다는 사실'을 먼저 인정해야 한다. 그 뒤로 가장 먼저 해야 할 것은 바로 나를 사랑하기다. 건강한 것들을 추구하는 마음은 자기애로부터 비롯된다. 내가 나를 사랑하는데, 어떻게 나 자신을 망가지게 내버려두겠는가? 중독에서 벗어나는 건 쉽지 않은 일이기에 안간힘을 써가면서 부단히 노력해야 한다. 마법처럼 변하는 건 아무것도 없으니 나를 사랑하는 마음으로 건강한 사람, 건강한 관계를 선택하는 연습을 차근차근히 해 보자.

안 맞는 신발인 줄 모르고

언젠가 새 신발을 사려고 백화점에 간 적이 있다. 마음에 드는 디자인이 있어 한쪽만 신어보고 딱 맞는 것 같아 바로 결제하고는 다음 날 설레는 마음으로 신고 나갔는데, 한 발짝, 두 발짝 걸을수록 발을 죄고 아프게 만들었다. 분명 잘 맞는다고 생각했던 신발이었는데 한쪽만 대충 신어보고는 잘 맞는다는 큰 착각을 한 것이다. 이미 길에 나선 뒤라 환불도 어려웠고, 결국 하루 종일 고통을 참아가며 신발을 신고 돌아다녔다. 집에 와서 신발을 벗으니 발은 시뻘겋게 부어 있었고 군데군데 상처가 나 있었다. 물로 발을 씻고 약을 바르고 밴드를 붙이며 혼자 중얼거렸다.

'다시는 이 신발 신지 말아야지.'

그렇게 마음먹었으면서도 상처가 아물고 나니 예쁜 디자인이 아까워 다시 한 번 신어보고 싶어졌다. '이번엔 괜찮겠지' 하는 마음으로 용기 내어 신었지만, 결과는 똑같았다. 발은 다시 망가졌고 고통은 반복됐다. 결국 사이즈가 맞는 친구에게 주기로 하고, 나는 그 문제의 신발을 전해준 뒤 집으로 돌아가며 생각했다.

'인간관계도 신발 같네.'

아무리 예쁘고 좋은 신발이라도 나에게 맞지 않으면 결국 나를 괴롭히는 물건일 뿐이다. 그렇다고 그 신발이 쓸모없는 건 아니다. 누군가에게는 딱 맞아 소중한 신발이 될 테니까. 인간관계도 그렇다. 나와 맞지 않는 사람을 억지로 붙잡고 원망하기보다는, 그냥 나와는 맞지 않는 신발이었다고 생각하고 보내주는 게 낫다. 어쩌면 나도 누군가에게는 맞지 않는 신발이었을 수도 있으니 말이다.

이렇게 생각하니 꼭 맞는 신발처럼, 언젠가 나와 꼭 맞는 사람이 분명 나타날 거라는 작은 희망이 생겼다. 부푼 희망과 친구가 고맙다고 챙겨준 복숭아가 담긴 봉투를 끌어안고 기분 좋게 집으로 걸어갔다.

마음 한구석이 찝찝한 관계

정말 다 좋은데 하나가 마음에 걸려 마음 한구석이 찝찝한 관계가 있다. 특히 결혼을 생각하는 단계에 있는데 이런 찝찝함이 있다는 건 아마 큰 고민거리일 것이다.

인간은 누구나 부족함을 안고 살아간다. 하지만 연인의 부족함을 받아들이는 것과 찝찝함을 느끼는 것은 다르다. 사랑이 깊어도 마음에 걸리는 무언가가 있다면, '괜찮겠지' 하며 쉽게 넘기지 말아야 한다.

그 찝찝함은 싸움의 방식, 금전 문제, 집안 차이, 종교, 혹은 결혼에 대한 가치관의 차이일 수 있다. 이게 틀리다고 무조건 헤어지라는 말이 아니다. 다음 두 가지가 가능하다면, 충분히 극복할 수 있다.

1. 걸리는 부분에 대해서 허심탄회하게 연인과 대화할 수 있는가?
2. 걸리는 부분이 해결할 수 있거나, 이겨낼 수 있는 부분인가?

근데 이 이야기에 꼭 이런 질문을 하는 사람들이 있다.

"그걸 꺼내려고 해도 상대가 회피형이라 소통이 안 되면요?"

회피형이라면, 대화 자체는 시도할 수 있을지 몰라도 깊은 논의로 이어지긴 어렵다. 해결 가능성 역시 상대의 지속적인 노력 없이는 불투명하다. 전문 상담을 병행하거나, 상대가 자발적으로 변화하려는 의지가 있다면 가능성은 열려 있다. 하지만 중요한 건, 내가 그 사람을 바꿀 수는 없다는 점을 먼저 인정해야 한다는 것이다.

물론 모든 걸 이해하고, 기다리고, 품어줄 수 있다면 관계는 유지될 수 있다. 그러나 그것이 얼마나 큰 인내를 요구하는 일인지, 대부분의 사람은 이미 잘 알고 있다.

마음에 걸리는 것이 있다는 건 관계를 점검하라는 신호다. 그 찝찝함을 무시한 채 관계를 이어가기보다는, 조금은 냉정하고 이성적으로 스스로에게 질문해 보며 관계를 들여다보는 시간을 꼭 가졌으면 좋겠다. 그것이 최악을 방지할 수 있는 가장 좋은 예방법이다.

이별한 당신에게 다정하길

이별해서 아프다면 지금이야말로 자신에게 다정해야 하는 순간이다. 헤어짐은 머릿속에 수많은 생각들로 가득 차게 한다. 처음에는 차근차근 생각을 쌓아 올리지만 감정이 하루에도 수십, 수백 번은 왔다 갔다 하기에 결국 엉망으로 쌓인 생각은 와르르 무너지게 된다. 이렇게 쌓았다가 무너졌다가 하는 날들이 반복되면 내가 못난 사람이라는 생각까지 든다. 여기서 확실하게 말해주고 싶은 게 있다. 당신은 못난 사람도 아니고, 못난 인생도 아니다. 단지 그 사람과의 관계가 끝난 것뿐이지.

물론 당신의 실수나 잘못으로 그 관계가 끝났다고 자

책하고 있을지도 모르겠다. 당신이 생각하는 그 실수나 잘못이라는 건 아마도 '그때 그냥 한 번 더 이해해 줄 걸⋯.', '그 말은 하지 않을 걸⋯.', '용서해 주고 계속 만나볼걸⋯.' 같은 생각일지 모른다. 설령 이런 생각이 아니라 진짜 실수했어도 괜찮다. 바람피우는 것처럼 명백한 나쁜 짓이 아니고서야 관계를 이어가다 보면 실수할 수도 있고 잘못할 수도 있다. 중요한 건 내가 부족했다는 걸 인정하고 다음에 맺을 관계에서는 똑같은 잘못을 반복하지 않는 것이다.

이별은 교통사고와 같아서 보이는 외상이 없을 뿐 다친 환자나 다름이 없다. 아파서 병원에 입원한 환자에게 비난하고 공격을 할 사람은 아마 없을 것이다. 그러니 나 자신을 비난하기보다는 먼저 나라는 사람을 안쓰럽고 짠하게 여기는 마음을 가지길 바란다. 때로 우리는 스스로에게 가혹하게 굴기보다는 잘 돌봐주는 쪽을 선택할 필요도 있다.

설레지 않는 크리스마스 따위

"아, 무슨 생일을 챙겨. 감흥도 없어. 한 살 더 먹는 게 뭐가 좋다고."

"나이 먹으니까 이제 크리스마스도 설레지 않는다."

이런 생각을 하며 사는 사람이 있을까? 아마 있을 거다. 왜냐하면 바로 내가 그랬으니까. 나이가 들수록 생일을 챙기는 게 의미 없게 느껴지고, 온 세상이 들떠 있는 크리스마스조차 내겐 아무 감흥이 없었다. 그게 나를 지키는 방법 중 하나라고 생각했다. 그런 것에 기대하고 상처받는 게 죽기보다 싫었기 때문이다. 그래서 관심 없는 척, 강한 척, 무심한 척… 그렇게 척하는 데 익숙해지다 보니 정말 그런 사람이 되어갔다.

남들이 특별하다고 여기는 날들이 내게는 점점 더 무의미해졌다. 그러다 정말 힘들었던 어느 해 크리스마스, 거리마다 행복해하는 사람들을 바라보다 문득 생각했다.

'나는 어쩌다 이런 날들을 무덤덤하게 보내는 사람이 됐을까?'

나는 차분하게 내 삶을 곱씹어봤다.

사랑, 그놈의 사랑 때문이었다. 사실 나는 사랑도 많고, 사람도 참 좋아하는 사람인데 상처받는 게 너무 무서워서, 상처받지 않으려고 이 악물고 아닌 척하면서 살아왔다는 걸 깨달았다. 물론 인생을 냉소적으로 살아온 덕에 조금은 덜 다쳤을 수도 있겠지만 그 좁디좁은 인간관계에서도 사람 때문에 상처받는 일은 늘 일어났다. 그래서 다짐했다.

'내 마음 가는 대로 표현하고 살아보자. 내 생일, 사랑하는 사람 생일이면 실컷 호들갑도 떨어보고 크리스마스

같은 연휴도 우당탕 재밌게 보내고 사랑하는 사람에게 상처받을까 봐 혹은 떠날까 봐 두려워하기보다 지금, 이 순간 나의 곁에 있어 주는 그들에게 표현도 열심히 하고 실컷 사랑하자.'

그렇게 결심하고 한 달도 채 안 돼 내 삶에 거짓말처럼 그런 사람이 찾아왔다. 벚꽃이 필 때는 나와 함께 예쁜 벚꽃을 보러 가자고 하고, 내 생일을 그 누구보다 열심히 챙겨주고, 크리스마스 때 여행을 가자고 하기도 하며, 기념일을 특별하게 여길 줄 아는 그런 사람.

혹시 상처받지 않으려고 마음을 꼭 닫고, 차갑게 버티며 살아왔다면 이 말을 꼭 전하고 싶다.

그동안 정말 고생 많았다고. 그러니 이제는 조금만 마음을 열어달라고. 이 글이 차가워진 마음에 작은 불씨가 되어 새로운 사랑의 초석이 되길 바란다. 그리고 꼭 기억하자. 세상은 마음을 열고 사랑을 주는 사람에게, 그만큼 더 큰 기적과 선물을 돌려준다는 것을.

결혼도 못한 30대라니

6년간의 연애가 완전히 끝난 3월의 어느 날, 정신을 차려보니 나는 30대가 되어 있었다. 만 나이를 적용해도 20대라 우길 수 없는, 완벽한 30대였다. 주변을 둘러보니 결혼을 준비하는 사람, 결혼 후 잘 사는 사람, 이미 아이를 키우는 사람들이 하나둘 보이기 시작했다. 나이에 크게 얽매이는 편이 아니었는데도, 긴 연애의 끝은 나에게 꽤 큰 충격이었다. 그때부터 나는 남들과 나를 비교하기 시작했고, 남들의 속도에 맞춰가지 못하는 내 인생이 한없이 못나 보였다. 한동안은 자주 마시지도 않던 술을 마시며 스스로를 망가뜨렸던 것 같다. 상실감에서 빠져나오고 싶었지만, 그런 방식은 오히려 나를 더 멀리 데려갔다. 여름이 오기 전, 나는 마음을 다잡고 부정적인 것들을 끊어내며 다시 균형을 되찾기 시작했다.

그러다 우연히 한 사람을 만나 다시 연애를 시작했지만 그 관계도 오래가지 않아 끝이 났다. 이상하게도 그때 유독 더 힘들었다. 그 사람을 잃어서 슬펐던 게 아니라, 또다시 연애가 허무하게 끝났다는 사실 자체가 비참하고 절망스러웠다. 장기 연애의 여파로 겨우 가라앉기 시작한 마음에 거센 바람이 불어, 다시금 감당할 수 없는 불길로 번져버린 느낌이었다. 나와 맞지 않는 사람임을 어렴풋이 알면서도, 그 오기 하나로 연애를 시작했고, 결국 그 선택은 또 다른 이별로 끝났다. 하지만 그 이별을 통해 나는 처음으로 자유로워졌다. 더 이상 30이라는 숫자에 얽매이지도, 남과 비교하지도 않게 되었고, 온전히 나로 서 있을 수 있었다. 그 어느 때보다 정신이 또렷해졌고, 그렇게 온전해진 나에게 진솔한 사람이 찾아왔다. 우린 그 누구보다 건강한 연애를 이어가다 올해, 영원을 약속하게 되었다.

사람에게는 다 각자의 속도가 있다는 생각을 자주 한다. 스스로를 실컷 괴롭히고 나서 든 생각은, 우리는 모두 다 다른데 하나의 기준에 맞춰서 자책할 필요가 없다는 것이다. 사랑과 인생에 성공과 실패가 어딨겠는가. 그저 행복으로 가는 과정만 있는 것이지. 행복의 기준도, 그 행복으로 가기 위한 여정도 속도도 사람마다 다르니 남들과 비교하며 너무 조급해 하지 말자.

지금 당신은, 당신만의 속도로 충분히 잘 가고 있다. 그 속도가 조금 느리다고 해서 틀린 건 아니다. 끝내 당신은 당신만의 길로, 가장 당신다운 곳에 도착할 것이다.

옳은 선택을 하는 방법

장 폴 사르트르는 "인생은 B와 D 사이의 C다"라는 유명한 말을 남겼다. B는 탄생(Birth), D는 죽음(Death), 그리고 C는 선택(Choice)을 뜻한다. 인생이란 결국, 태어남과 죽음 사이에서 끊임없이 선택을 반복해가는 여정이라는 의미다.

선택 앞에 선 사람들은 친구에게 조언을 구하고, 연애 상담사의 말을 들으며, 타로를 보거나 기도를 올리기도 한다. 정답을 알고 싶어서, 혹은 후회하지 않기 위해서다.

어떻게 하면 더 나은 선택을 할 수 있을까?
어떻게 하면 후회를 덜 남길 수 있을까?

이 사람이 맞을까? 아니면 저 사람이 맞을까?

이런 수많은 고민 속에서 조금이라도 더 옳은 선택을 하는 방법이 하나 있다. 그건 바로 '자신과 진솔한 대화 나누기'다. 정답은 늘 내 안에 있다. 그래서 내 마음에 제대로 귀를 기울일 줄 알아야 해답을 찾을 수 있다. 처음부터 쉽게 되진 않을 것이다. 때로는 내 마음속 깊은 곳에서 외치는 말을 무시하고 싶기도 하고, 나의 못난 부분과 마주해야 할 수도 있기 때문이다. 가끔은 정답을 알면서도 엉뚱한 선택을 할 수도 있지만, 평정심을 찾고 내 마음에 귀를 기울인다면 지혜롭고 현명한 선택을 할 수 있게 된다. 이 사이클이 반복되면 당신은 점점 더 나은 선택을 하는 사람이 되어 있을 것이다. 그러니 과거의 나를 너무 나무라지 않길 바란다. 선택에 실패한 것은 다 시행착오고 그로인해 더 나은 선택을 할 수 있는 사람이 되었으니 말이다.

우린 다시 실패할 테지만, 끝내 원하는 답을 찾게 될 것이다.

Meant To Be

에어팟을 지하철에서 잃어버린 적이 있다. 선물 받은 거라 정말 소중하게 여기던 물건이었는데 한순간에 사라지니 우울감과 허탈감이 밀려왔다. 우선 찾아야겠다는 생각에 곧장 분실물 센터에 전화를 걸었지만, 아직 접수된 게 없다는 답변만 돌아왔다. 마음은 급했지만 더 이상 할 수 있는 일이 없었다. 그때는 솔직히 영영 찾지 못할 줄 알았다. 그런데 한 시간도 채 지나지 않아 분실물 센터에서 전화가 왔고, 에어팟을 찾으러 오라는 말에 한달음에 달려가 기적처럼 다시 찾을 수 있었다.

그 일 이후, 다시는 잃어버리지 않겠다고 다짐하며 고

리가 달린 케이스를 구입했고, 늘 가방에 단단히 매달아두었다. 이젠 정말 괜찮다고, 안심해도 되겠다고 생각할 무렵, 어이없게도 다시 에어팟을 잃어버리고 말았다. 그 뒤로 다시는 그 에어팟을 찾을 수 없었다. 단순한 물건 이상으로 의미가 있었던 터라 꽤 우울했지만, 스스로에게 '에어팟과 나의 인연은 여기까지였나 보다'라고 달래며 마음을 다잡았다. 그 후 새로 산 에어팟은 한 번도 잃어버리지 않고 고장 날 때까지 사용했다.

인간관계도 비슷한 것 같다. 그 사람을 절대로 잃지 않겠다고 아등바등 애지중지하고 그 사람이 좋아하는 모습으로 변해가면서 모든 걸 맞춰줘도 결국 떠날 사람은 떠나고, 그냥 나다운 모습으로 있어도 내 곁에 머무를 사람은 머문다.

나는 "Meant To Be"라는 말을 좋아한다.

"We're meant to be together." 하면
"우리는 함께할 운명이야."라는 뜻이고,

"If it's meant to be, we'll get back together." 하면

"우리가 운명이라면 다시 만나게 될 거야."라는 뜻이다.

안 풀리는 관계를 복잡하게 애쓰고 붙잡을 필요는 없다. 다시 만나게 될 인연이라면 시간이 걸려도 언젠가는 다시 마주할 테고, 그렇지 않다면 그냥 추억의 한 페이지로 남을 것이다. 그러니 과거에 머무르기보다는 운명에 조금 맡기고, 지금 이 순간을 살며 묵묵히 나아가면 된다.

언젠가, 마음이 편안해진 어느 날 당신은 문득 깨닫게 될 것이다. 떠나간 것에도, 남아준 것에도, 모두 다 이유가 있었다는 것을.

이탈리아의 한 포도밭 이야기

한 사람이 이탈리아의 한 거대한 와이너리에 방문한 영상을 본 적이 있다. 그 와이너리의 포도밭은 물이 풍부해 포도를 키우기에 좋은 땅인 동시에, 돌도 많은 땅이라고 한다. 식물이 뿌리를 내리다가 돌을 만나면 스트레스를 받는데, 그 스트레스 덕분에 포도나무는 살아남기 위해 열매를 맺는 데 더 집중한다고 했다. 흥미롭게도 그렇게 맺힌 열매는 당도와 맛, 향이 훨씬 높아진다.

반면 편안한 땅에서는 식물들이 열매 맺는데 스트레스를 받지 않기 때문에 당도와 향이 줄어든다고 한다. 영상을 찍은 사람은 포도의 삶이 우리의 인생과도 닮았다고 말하며, 평탄하기만 한 길보다 적당한 돌이 있어야 삶도 더 단단해지고 깊어진다고 이야기했다. 그 말이 유독 가슴에 오래 남았다.

조금 대책 없어 보일 수도 있겠지만, 나는 힘든 일이 내 앞에 닥치면 그 상황이 결국 나를 더 좋은 방향으로 이끌 거라고 믿는다. 그래서 늘 '왜 이 상황이 내게 필요한 걸까?', '어떻게 하면 이걸 나에게 좋은 기회로 만들 수 있을까?'를 고민한다. 물론 그때는 힘들고, 아프고, 괴롭기만 하다. 하지만 버려내고 나면 거짓말처럼, 그 고통이 어느새 나를 더 단단하게 만든 걸 알게 된다.

혹시 지금 돌에 걸려 힘들다면, 그 돌이 결국 내 인생과 사랑을 더 달게 만들어줄 디딤돌이라 생각해보길 바란다. 그리고 다음번에도 또 돌이 나타난다면, 이번에는 어떻게 현명하게 넘어설지 생각해보면 된다. 그렇게 한 번씩 돌을 넘어가다 보면 인생도, 사랑도 언젠가는 더 달고 향긋한 열매로 보답할 것이다.

밀물 썰물

누군가 내 인생에서 떠날 때마다 인간관계는 참 어렵다고 느낀다. 평생 내 곁에 있을 줄 알았던 친구와 손절을 하고, 영원을 약속한 연인과 이별하고…. 이런 순간들을 마주할 때마다 마음은 쉽게 무너진다.

나도 그랬다. 불과 2년도 채 안 되는 17개월 동안 내 삶은 많은 이별을 겪었다. 나를 키워준 외할머니가 갑작스럽게 세상을 떠나셨고, 6년을 만난 연인과 헤어졌으며, 18년을 함께한 반려견이 무지개다리를 건너고 믿었던 친구와도 절연했다.

암흑 같은 시간이 지나고서야 깨달았다. 내 인생에 들

어온 모든 사람이 영원히 내 곁에 머무를 수는 없다는 사실을.

너무 당연한 이야기 같지만, 나는 그걸 잊고 살았다. 그래서 한 존재가 내게서 떠날 때마다 붙잡느라 애쓰고, 상심에 빠져 아무것도 할 수 없었다. 그런데 오히려 '누구든 떠날 수 있다'는 걸 인정하고 나니 마음이 조금은 자유로워졌다. 인간관계를 냉소적으로 보라는 뜻은 아니다. 지금 내 옆에 있는 사람들에게 항상 최선을 다해야 하고 시간을 유한하게 생각하며 사랑을 더 사랑해야 한다. 다만, 손 쓸 새 없이 불가항적으로 나를 떠난다면 그건 인연이 거기까지였을 뿐이다.

관계는 밀물과 썰물 같다. 누군가는 떠나면, 다른 누군가가 들어온다. 나 또한 누군가의 인생에서 떠난 적이 있지 않은가. 그러니 지금 누군가가 내 곁을 떠났다면, 이제 또 다른 누군가가 내 삶에 들어올 차례라고 믿자. 떠난 사람을 붙잡느라 지치지 말고, 새로 들어올 사람을 맞을 마음의 자리를 비워두자.

당신의 인연은 언제나 새로운 파도로 다가올 것이다. 그러니 너무 두려워하지 말고, 흐름에 몸을 맡겨보자. 좋은 인연은 또 오기 마련이다.

옳은 선택이 나를 아프게 할 때도 있다

때로는 옳은 선택이 나를 아프게 한다. 왜냐하면 자기 자신을 위한 결정일수록, 상실을 감수해야 하기 때문이다. 가치 있는 것은 쉽게 우리 곁에 오지 않는다. 그것을 얻기 위해선 인내와 고통의 과정이 필요하고, 그건 사랑에도 예외 없이 적용된다. 지금 하고 있는 사랑이 당신을 아프게 하고 눈물짓게 한다면, 어쩌면 그것은 당신이 진짜 가치 있는 사랑을 향해 가고 있다는 뜻일지도 모른다.

영어 단어 중에 참 좋아하는 단어가 있는데 'silver lining'이라는 단어다. 하늘이 잔뜩 흐린 날, 먹구름 사이로 아주 잠깐 스며드는 한 줄기 햇빛을 본 적이 있을 것이다 그때 보이는 그게 바로 'silver lining'이다. 'silver lining'은 희망이라는 뜻으로 쓰이며 'Every cloud has a silver lining'이라는 속담으로 자주 인용된다. 직역하자면 '모든 먹구름 뒤엔 은빛 테두리가 있다' 즉, 아무리 힘든 상황에도 결국 희망은 있다는 뜻이다. 비슷한 예로 '하늘이 무너져도 솟아날 구멍은 있다.'라는 한국 속담이 있다. 그러니 '만약에 내가 그때 그 선택을 하지 않았다면…'과 같은 생각으로 스스로를 괴롭히고 있다면 당장 멈추길 바란다. 그 선택은 분명, 그 당시의 당신이 할 수 있는 최선이었을 것이다. 그리고 지금, 그 선택으로 인해 아프고 괴로워하고 있다면, 그것은 틀린 선택이 아니라 옳은 선택의 필연적인 통증일지도 모른다.

옳은 선택이 항상 평온한 건 아니다. 어떤 옳음은, 지나가는 동안 마음을 헤집는다. 하지만 그 시간도 지나가고 나면, 분명 당신에게 더 나은 무언가가 찾아올 것이다. 그러니 잊지 말자.

지금의 아픔은 더 나은 삶을 향한 진통일 뿐이라는 걸.

그리고 그 먹구름 너머엔, 당신만의 햇빛이 기다리고 있다는 걸.

날씨 참 좋다

'내가 외로움이라는 감정을 혼자서 온전히 이겨낸 적이 있던가?'

가만히 생각해 보니, 20대가 되고 나서 연애를 쉬어본 적이 없었다. 외로움을 느낄 틈조차 스스로에게 주지 않았던 거다. 연애를 하지 않는 순간에도 늘 누군가가 있었다. 어느 노래 가사처럼, 사랑은 다른 사랑으로 잊히는 거라 믿었다. 그런데 정말 숨이 막힐 만큼 힘든 이별을 겪고 나서야 문득 의문이 들었다.

'그래서 내가 늘 엉뚱한 사람만 만났던 걸까?'

더는 같은 실수를 반복하고 싶지 않았다. 이번엔 외로움을 제대로 마주하고, 혼자서 견뎌내 보기로 마음먹었다. 예상은 했지만 홀로서는 일은 역시나 쉽지 않았다. 외로움을 혼자 이겨내 본 적이 없으니 당연했다.

외로움을 버티는 건 생각보다 유쾌하지 않았다. 아니, 사실 끔찍했다. 홀로 있다는 것은 사람을 두렵게 만들기 때문이다. 그런데 이 두려움조차 누군가에게 기대어 덮어버리면, 나는 평생 스스로 설 수 없을 것 같았다. 그래서 용기를 냈다. 혼자 많은 것을 해 보기로 했다.

어느 날, 혼자 한 번도 해보지 않았던 게 뭐가 있을까 고민하다가, 그 사람과 함께 보러 가자고 했던 전시가 떠올랐다. 조금 망설였지만 혼자 전시를 보러 갔다. 외롭지 않을까 걱정했지만, 오히려 좋았다. 누구의 눈치도 보지 않고, 보고 싶은 그림 앞에 오래 머물 수 있었다. 처음으로, 나만의 자유로움을 느꼈다. 그렇게 둘이 하던 것들을 하나둘씩 혼자 해 보니, 그동안 보지 못했던 세상이 보였다. 상대만 바라보느라 보지 못했던 것들이었다. 그리고 그것은 설렘으로 이어졌다. 혼자여야 비로소 보이는 것들이 있다는 사실이 신기했다. 물론 언제 또 외로움이 불쑥 찾아올지는 알 수 없지만, 더는 그 사실이 두렵지 않았다.

예측 불가능함은 두려움을 주기도 하지만, 동시에 낭만을 선물해 주기도 한다. 오늘 이렇게 우연히 들어온 카페에서 맛있는 플랫 화이트를 마실 줄 누가 알았을까.

한동안 창밖을 바라보다 남은 커피를 마시고, 가방을 챙겨 밖으로 나왔다. 문을 여는 순간, 뺨을 스치는 바람이 꽤 산뜻하다. 홀로서기를 연습하는 사이, 완연한 봄이 찾아왔나 보다.

날씨가 참 좋다. 조만간 혼자 여행을 떠나야겠다.

외로워, 연애하고 싶다

외로워서 연애가 너무 하고 싶어지는 순간이 있다. 괜히 잊고 있던 전 애인의 SNS를 몰래 들여다보거나 프로필 사진을 찾아보고는 그 사람이 그립다는 생각을 한다. 하지만 그 그리움은 사실 사람에 대한 그리움이 아니라, 외로움이 만들어 낸 착각이다. 이렇듯 외로움은 우리에게 불필요한 감정을 만들어낸다.

이미 다 잊은 줄 알았던 전 애인이 괜히 보고 싶어진다든지, 혼자인 내가 괜히 초라해 보인다든지, 아무나 만나고 싶어져 사람을 만나는 건 배고플 때 장을 보러 가 필요 없는 걸 잔뜩 사 오는 것과 같다. 그러니 외로워서 연애가 하고 싶은 순간에는 내가 하는 행동과 선택을 반드시 경계해야 한다. 그때의 선택이 후회로 돌아올 가능성이 크기 때문이다.

외로워서 연애하고 싶을 때 찾아온 인연을 무작정 무시하라는 뜻은 아니다. 다만 나와 맞지 않는 사람을 '그냥 외로워서' 선택한다거나, 억지로 상대를 찾으러 나선다거나, 술김에 전 애인에게 연락해 본다거나 하는 행동은 피해야 한다는 뜻이다. 결국 후회할 행동이라면 애초에 하지 않는 것이 낫다.

외로워서 연애하고 싶은 순간이 불쑥 찾아온다면, 반대로 그 외로움을 즐기는 것도 좋은 방법이다. 슬픈 노래를 들으며 비련의 주인공이 되어보기도 하고, 마치 드라마 속 주인공처럼 혼자 카페에 앉아 커피를 마시며 멋진 내 모습을 상상해 봐도 좋다. 고독이야말로 오롯이 나와 마주할 수 있는 최고의 시간이니까.

당신이 온전한 시간을 보내고 있다면 당신에게 꼭 맞는 사랑은 반드시 찾아올 것이다. 그러나 외로움에 속아 엉뚱한 사람을 붙잡으면 그 사랑을 만나는 시간이 그만큼 늦어질 수 있다. 내가 원하는 사랑을 조금이라도 더 빨리 만나고 싶다면, 외로움을 피하려 하지 말고, 그 순간마저 나답게 즐겨보길 바란다.

불안형에서 벗어나는 방법

번번이 인간관계에 실패했을 때 자괴감에 빠진 적이 있다. 나에겐 감정적인 이유가 아닌 이성적인 이유가 필요했다. 그래야 해답을 찾을 수 있었으니까. 며칠이고 고민을 거듭한 끝에 하나의 원인에 다다랐다. 그건 바로 나의 '애착 유형'이었다. 나는 불안형 애착을 지닌 사람이었고, 그로 인해 늘 관계가 불안정하게 흘러갔다는 사실을 뒤늦게 깨달았다. 상대의 작은 말에도 마음이 요동쳤고, 그 불안은 결국 관계의 갈등으로 이어지곤 했다.

그 사실을 인식한 뒤로, 나는 불안형에서 벗어나고자 스스로 자료를 찾아보고 공부하며 애썼다. 아무도 이 과정을 대신해줄 수 없었기에, 혼자서 천천히 나를 바꾸는 수밖에 없었다. 지금부터 그 변화의 과정을 천천히 이야기해보려 한다.

사람은 긴장이 해소될 때 심리적 안정과 쾌락을 느낀다고 한다. 불안형은 바로 이 순간을 '사랑'이라 착각하는 유형이다. 그래서 스스로 불안감을 만들어 내거나 극적인 상황으로 상대의 사랑을 확인받고 안심한다. 이렇게 자극적인 방식으로 사랑을 확인하기 때문에 그들은 흔히 말하는 '나쁜 남자', '나쁜 여자'에게 쉽게 끌린다. 불안형과 회피형 커플이 많은 이유가 바로 이 때문이다. 회피형은 불안형에게 롤러코스터 같은 감정을 주기에 최적의 상대다.

예를 들어 불안형은 연락이 늦으면 불안해지고, 회피형은 그런 상황에서 오히려 잠수를 탄다. 회피형은 불안형이 사랑이라고 착각할 수 있는 자극적이고, 극적인 순간을 숨 쉬듯 선사해주기 때문에 불안형이 불나방처럼 달려드는 것이다. "그럼 안정형을 만나면 되지 않을까?"라고 생각할 수 있다. 그런데 안타깝게도 불안형은 안정형에게 쉽게 매력을 느끼지 못한다. 안정형은 예측 가능하고 일관적인 방식으로 사랑을 주기에 불안형이 원하는 '자극'이 부족해 흥미를 잃기 쉽다.

불안형이 연애할 때 대표적으로 보이는 행동이 있다. 연락이 조금만 안 돼도 불안해하고, 사소한 말과 행동에 예민하며, 그로 인해 작은 일에도 쉽게 서운해 하는 것이다. 그리고 시위성 행동을 자주 하는데, 예컨대 상대가 한 시간 만에 답장을 하면 복수라도 하듯 두 시간 후에 답장하거나, 자신의 가치를 과시하며 '나한테 잘해'라는 메시지를 은근히 전한다. 그리고 연인과 물리적으로 떨어져 있는 걸 잘 견디지 못해 데이트가 끝나면 혼자 불필요한 생각을 하기도 한다. 이런 과도한 생각은 결국 상대가 나에게 마음이 식었다는 성급하고 어리석은 결론으로 이어져 관계를 악화시키고는 한다. 어떤 사람은 혼자가 무서워 다른 사람에게 쉽게 기대다가 바람을 피우는 경우도 있다. (만약 바람을 피울 정도로 불안이 심하다면 개인적으로는 심리 상담 전문가를 찾아가 보는 것도 좋은 방법이다.)

나도 전형적인 불안형이었다. 하지만 오랜 시간 노력해 지금은 많이 나아진 상태다. 그 첫걸음은 '인정'이었다. 내가 불안형임을 인정하면, 적어도 왜 내가 이런 행동을 하는지 스스로 이해할 수 있다. 두 번째는 '멈춤'이다. 나는 불안형을 멈춤이 필요한 유형이라고 말하는데, 이 멈춤은 연애 전부터 연습해야 실전에 사용할 수 있다. 초반에 얘기한 것처럼 불안형은 회피형이나 나쁜 사람에게 빠르게 사랑에 빠진다. 그러니 누군가에게 강하게 끌린다면 잠깐 관계를 멈추고, 이성적으로 상황을 살펴봐야 한다. 몸에 해로운 음식이 당기더라도 건강한 음식을 먹어야 살이 빠지듯, 건강한 사람을 선택해야 좋은 연애를 할 수 있다.

연애 중에도 멈춤은 꼭 필요하다. 애인의 답장이 늦어 불안이 치밀어 오를 때, 상상의 나래를 펼치거나 시위성 행동을 하지 않아야 한다. 그래도 불안하다면 심호흡하고 내가 지금 느끼는 건 분노인지, 서운함인지, 두려움인지. 그리고 왜 그런지. 평소에도 늦게 답장했는지, 내 상상 때문인지, 과거의 상처 때문인지 하나씩 따져봐야 한다.

단전에서 올라오는 불안을 잠재우는 건 역시나 쉽지 않다. 나도 이걸 자연스럽게 해내기까지 5년이 걸렸으니까. 하지만 온전한 마음으로 소중한 관계를 지키고 싶어 견디고 또 견뎌냈다. 혼자 속으로 상상하며 분노하거나 억측으로 결론내리는 건 아무 도움도 되지 않았다. 모든 서운함을 참으라는 뜻이 아니다. 충분히 생각해도 여전히 서운하다면 그때는 솔직히 이야기해도 괜찮다.

불안형이라도 노력하면 달라질 수 있다. 그리고 그 노력은 분명 당신을 배신하지 않을 것이다.

"사랑은 불안을 이기는 법을 가르쳐준다. 진정한 사랑은 두려움 속에서도 상대를 믿는 선택이다."
— C.S. 루이스 (C.S. Lewis)

그 사람은 아니라는 증거

나는 연애하고 이별을 겪을 때마다 늘 지난 연애를 하나하나 분석하고, 나를 돌아보는 시간을 가진다. 그 이유는 같은 실수를 반복하지 않고 더 좋은 사람을 만나기 위해서다. 그래서 내가 만남과 이별을 여러 번 겪으면서 알게 된, '이 사람이 내 사람이 아니라는 증거'에 대해 이야기해 보려 한다.

첫 번째, 함께하는 시간이 쌓여가도 나다운 모습이 나오지 않는다.

나는 원래 장난기가 많고 유쾌한 사람인데, 이 모습은 마음이 편해야 자연스럽게 나온다. 그런데 나와 결이 맞지 않는 사람과 있을 땐 시간이 아무리 흘러도 이런 모습이 잘 드러나지 않았다. 왜 그럴까 생각해보니, 내 장난스러운 모습을 보여줬을 때 상대가 그 모습을 재미있어하지 않거나 공감하지 못했기 때문에 점점 숨기게 되었던 거다. 결국 내가 나답지 못하다면, 그 관계는 나와 맞지 않는 관계일 가능성이 높다.

두 번째, 대화를 억지로 이어가야 한다.

대화가 잘 통하는 사람과 이야기해본 적이 있다면 알 것이다. 몇 시간을 떠들어도 시간이 금방 지나가고, 매일같이 이야기해도 질리지 않다는 걸. 그런데 잘 맞지 않는 사람과의 대화는 그렇지 않다. 내가 아는 이야기, 농담, 관심사까지 총동원해야 그나마 대화가 이어지고, 어색한 침묵이 생기면 소름이 돋는다. 상대방과 말을 이어가기 위해 애써야 한다면, 그건 나와 결이 다르다는 뜻이다.

세 번째, 함께하는 미래가 그려지지 않는다.

누군가를 사랑하면 당연히 미래를 꿈꾸게 된다. 하지만 현실적으로 생각했을 때 걸리는 게 너무 많고, 하나부터 열까지 모두가 어렵고 버겁게 느껴진다면 그건 이미 답이 정해져 있는 관계다. 내 마음 한편에서조차 함께할 내일을 상상하기 어렵다면, 그 사람은 내 사람이 아닐 확률이 높다.

네 번째, 함께할수록 나 자신이 못난 사람 같아져 자존감이 떨어진다.

상대가 가스라이팅을 하거나 바람을 피우는 등 큰 잘못을 하지 않아도, 서로의 다름 때문에 상처를 받을 때가 있다. 예를 들어 나는 서운한 게 있으면 그때그때 말해서 풀어야 하는데, 상대는 쌓아두는 사람이라면, 오히려 솔직한 내가 못난 사람 같아지고 자존감이 깎인다. 이런 상황이 쌓이면 내 모습이 점점 작아진다.

다섯 번째, 내 삶에 소홀해진다.

사랑에도 건강한 사랑이 있고, 그렇지 못한 사랑이 있다. 건강한 사랑은 내 삶을 더 열심히 살게 하고 주변 사람들에게도 더 잘하게 만든다. 그래서 주변에서도 내가 행복한 연애를 하고 있다는 걸 안다. 반대로 건강하지 못한 사랑은 내 삶은 뒷전이 되고 오로지 상대에게만 매달리게 만든다.

여섯 번째, 만나면 좋지만 떨어지면 외롭고 생각이 많아진다.

이건 불안형 애착의 특징이기도 하다. 불안형이라면 좋은 사람과 있어도 이런 감정을 느낄 수 있다. 하지만 불안형이 아닌데도 이런 마음이 자주 든다면, 그 관계는 다시 생각해볼 필요가 있다.

일곱 번째, 괜찮지 않은데 괜찮다고 말한다.

상대가 내 서운함을 알아주지 않거나, 서운한 일이 자꾸 생기는데도 '괜찮아'를 습관처럼 내뱉고 있다면 언젠가 그 마음은 결국 터지게 된다. 그래서 연애에서 깊은 대화는 필수다.

여덟 번째, 자주 싸운다.

자주 티격태격하는 커플은 있어도, 그건 진짜 싸움으로 번지지 않는다. 그런데 별것 아닌 문제로, 혹은 똑같은 문제로 자주 크게 싸운다면 관계에 분명 문제가 있다는 뜻이다.

아홉 번째, 이별을 자주 떠올린다.

그 사람이 나와 맞지 않는다는 걸 사실은 내가 제일 잘 안다. 그래서 '이 관계가 맞나?'라는 의문이 자주 들고, 이별에 대한 생각이 늘 따라온다면 이미 답은 정해져 있다.

물론 여기서 한두 가지에 해당 된다고 해서 당장 끝내야 한다는 뜻은 아니다. 사람마다 상황이 다르고, 관계마다 정답이 다르기 때문이다. 하지만 관계에 대한 고민이 자주 든다면 그건 분명 신호다. 이별의 적신호가 켜졌다면, 지금이야말로 감정이 아닌 이성으로 관계를 돌아봐야 한다.

9가지를 천천히 살펴보며 관계를 점검해 보길 바란다.

갈대처럼 살아가는 우리

"과거로 돌아갈 수 있으면 돌아갈 건가요?"

이 질문에 단 한 치의 망설임도 없이 "아니요."라고 말할 것이다. 나는 과거의 그 어떤 순간으로도 돌아가고 싶지 않다. 나는 행복이라는 것을 온전히 느끼기 시작한 지 그리 오래되지 않았다. 나에게 인생은 즐기는 것도, 사는 것도 아닌 그저 버티는 것이었다. 삶은 내게 언제나 고통스럽고 버겁고 힘든 존재였다. 물론 과거의 나는 지금보다 훨씬 더 유약하고, 금세 부러질 것 같은 사람이었기 때문일지도 모르겠다. 지금은 그때보다 조금 더 단단해졌을 뿐, 여전히 나는 유약하고 못난 인간이다. 그래서 여전히 우울하고, 불안하고, 의심하며 하염없이 흔들린다. 하지만 어차피 흔들릴 거라면, 억센 바람에도 쉽게 꺾이지 않는 갈대처럼 살아보려 한다.

바람이 불면 바람에 몸을 맡겨 이쪽으로도 기울고, 저쪽으로도 기울며 유연하게 살아가고 싶다. 그렇게 흔들리다 보면 바람은 언젠가 반드시 그친다. 그리고 그때 나는 아무 일도 없듯이 꼿꼿이 서 있을 것이다.

혹시 지금 나처럼 한없이 흔들리고 있는 갈대가 있다면, 부디 그 흔들림마저도 스스로를 단단하게 만들어 주는 과정임을 믿어주길 바란다. 나는 오늘도 나와 같은 갈대들을 진심으로 응원하고 있다.

사랑을 하려고요

지나간 사랑은 나에게 이정표가 되어

주말이었지만 그날따라 아침 일찍 눈이 떠졌다. 대충 눈을 비비고 창밖을 바라보다가 문득 '이별 후에 남는 게 뭐가 있지?'라는 의문이 떠올랐다. 그 생각을 조금 더 깊게 하고 싶어 따뜻한 에스프레소 한 잔을 내렸다. 무더운 여름이었지만, 묘하게 따뜻한 커피가 잘 어울렸다. 의자에 앉아 지나간 사랑들을 하나하나 떠올렸다.

열렬히 사랑했고, 미워하기도 했고, 증오했으며, 아팠고, 슬펐고, 행복하기도 했고, 화가 나기도 했으며, 즐겁고 속상하기도 했다. 하지만 지나간 사랑이 결국 내게 준 건 명확했다. 나는 어떤 사람인지, 그리고 그런 나와 잘 맞는 사람은 어떤 사람인지 알게 되었다는 것. 물론 이별 직후에는 그저 고통뿐이라 온갖 부정적인 감정들이 나를 휩쓸었지만, 그 모든 것은 결국 잠깐이었다.

마시던 에스프레소 잔을 내려놓고 멍하니 바닥을 바라보다가 조용히 고개를 끄덕였다. 그래, 지나간 사랑 덕분에 나는 나를 알게 되었고, 그 덕에 이제는 나와 가장 어울리는 사람을 알아볼 수 있게 되었다. 그렇게 나는 이별에게서 나를 배웠다.

생각이 정리될 무렵, 핸드폰이 진동하며 울렸다. 나와 어울리는 그 사람이 보내는 아침 인사였다. 나는 밝게 미소 지으며 초록색 통화 버튼을 눌렀다.

"잘 잤어?"

잠긴 목소리로 대뜸 보고 싶었다며 사랑한다고 말하는 그 사람이 어찌나 귀여운지. 배시시 웃으며 나도 답했다.

"나도 사랑해."

지나간 사랑은 나에게 이정표가 되어 주었고, 그 이정

표 덕분에 나는 내 사랑의 목적지에 닿을 수 있었다. 이제는 그 길을 안내해 준 모든 지나간 사랑에게 고맙다고 말할 수 있다.

사랑의 정의

"나 사실 사랑의 정의에 대해 늘 고민했었어."

갑자기 진지한 얘기를 하는 내 모습에 그는 진지하게 경청하기 시작했다.

"사랑을 정의해 보라고 하면 늘 말문이 막혔거든. 사랑은 아름다운 천국 같다가도, 순식간에 난장판 같은 지옥이 되잖아. 그래서 좋기도 하고 구리기도 하고, 너무 예쁘기도 하고 너무 추하기도 하고. 어떤 날은 아름다운 사랑 노래 같다가도, 또 어떤 날은 절절한 이별 노래 같기도 하고. 그게 내가 생각하는 사랑이었어."

그는 고개를 끄덕이며 아메리카노를 한 모금 마셨다. 그 모습을 바라보며 나는 말을 이어갔다.

"근데 이제는 사랑이 뭔지 알 것 같아."

그가 궁금한 듯 눈을 반짝이며 물었다.

"뭔데?"

"나한테는 네가 사랑이야. 추운 겨울에도 내가 커피 마시고 싶다고 하면 바로 달려가 사 오고, 왕복 세 시간 넘는 거리를 매주 나를 만나러 오고, 내가 좋아했던 과자를 기억해 선물해주고, 늘 조수석 문을 열어주고, 언제나 너보다 나를 먼저 생각하잖아. 나를 보며 사랑한다고 말할 때 반짝이는 눈동자도 좋고 내 모든 순간을 빛나게 하고 싶어 하는 네가 나에게는 사랑이야."

내가 건넨 말에 아이처럼 기뻐하며 "사랑해"라고 말하던 그의 눈동자가 다시 반짝였다. 그 눈동자 안에서 나도 빛나고 있었다. 나는 또 한 번 확신했다. 이게 사랑이 아니라면, 세상에 사랑이란 건 존재하지 않을지도 모른다고.

나에게 사랑이란 결국, 당신의 이름 세 글자였다.

나는 지금 이 순간에도, 당신을 깊고 조용히 사랑하고 있다.

"최고의 사랑은 서로를 더 나은 사람으로 만드는 사랑이다."
― *바론 폰 후겔 (Baron Friedrich von Hügel)*

너무 사랑해서 눈물이 나

함께 마당에 앉아 하늘을 바라보며, 늘 그랬듯 시답잖은 소리로 낄낄대며 웃고 있었다. 그러다 문득 엉뚱한 질문 하나를 꺼냈다.

"만약 내가 죽는 날을 알게 됐는데, 그게 얼마 남지 않았다면 어떨 것 같아?"

내 말을 듣자마자 그는 손사래를 치며 그런 말 하지 말라며 금세 슬퍼했다. 그 모습이 귀여워서 나는 '만약에'를 힘주어 다시 말했다.

"나는 남은 날들을 사랑하는 사람들과 아낌없이 행복

하게 보내다가, 미련 없이 하늘나라로 갈 거야."

그는 내 태연한 말투에 살짝 서운한 듯 시무룩하더니, 이내 진지하게 말했다.

"우리는 건강하게 오래 살다가 같은 날에 죽을 거야. 그래도 아주 만약에…. 정말 만약에 그렇게 된다면, 나는 하고 있는 일 다 그만두고 수희 옆에서 죽는 날까지 곁에 있을 거야."

정말 그런 상황이라도 된 듯 씁쓸하게 말하는 그의 말에 마음이 저릿해져 눈물이 날 것 같았다. 아랫입술을 꽉 깨물고 하늘을 올려다보며 애써 눈물을 참았지만, 이미 흐른 눈물은 멈출 줄 몰랐다. 이상하다고 느낀 그는 내 얼굴을 바라보다가, 눈가에 맺힌 눈물을 보고는 서둘러 휴지로 조심스럽게 닦아주었다.

그 손길을 바라보며 문득 생각했다. 이 사람 때문에 흘린 눈물은 늘 기쁘거나 행복해서였다. 너무 사랑해서 흘린 눈물뿐이었다. 울음을 멈춘 내 손을 꼭 잡아주며 그는, 아무 말 없이 내 옆에 앉았다. 우리는 나란히 고개를 들어 하늘을 바라보았다.

하늘이 참 예뻤다.
그리고 그 옆에 그가 있어서, 더 예뻤다.

우리의 사랑은 이런 모습이다

S에게

"안녕 S야. 편지는 처음 쓰는 거 같다.

새삼 모든 게 신기하다. 이렇게 인연이 돼서 만나고, 또 내가 너에게 이렇게 편지를 쓰고 있다는 게 말이야. 이 세상엔 보이지 않는 끈이 분명 존재하는 것 같아. 서로 엉켜 있어서 그 끈 끝에 누가 잡고 있는지 알지 못하다가 엉켜 있는 뭉텅이 하나만 풀면 모든 끈이 너무나 쉽게 스르륵 풀리는 것처럼, 자연스럽게 서로를 확인하는 것 같아.

우리가 연결된 건 서로의 용기가 아니라 각자의 삶 속에서 열심히 실타래를 풀고 있었기 때문이 아닐까? 우리의 만남은 각자의 노력이 드디어 결실을 맺어서 가능했다고 생각하고 싶어.

고요한 밤, 사랑하는 사람에게 편지를 쓴다는 게 이렇게나 행복한 일이라는 걸 S 덕분에 알게 됐어. 편지는 현재의 내가 미래의 너와 소통할 수 있게 하는 유일한 매체인 것 같아. 이 편지를 보고 웃을 너를 생각하며 나는 너무나 행복하게 편지를 쓰고 있어. 이런 행복을 느끼게 해줘서 정말 고마워.

함께할 모든 나날을 덕분에 그려본다. 지나간 추억들을 덕분에 곱씹어. 나는 너로 인해 모든 순간을 사랑하게 됐어. 너는 내게 축복과도 같은 존재야, S야.

마지막으로 꼭 하고 싶은 말을 끝으로 다음 편지에 내 마음을 또 전달할게. 사랑해."

Y에게

"나는 Y가 내 이름을 불러주는 걸 참 좋아해. 항상 내 이름을 불러줄 때마다 그게 너무 따뜻하고 좋아. 내 이름을 불러줄 때면 그냥 나로서 이해받고 존중받는다는 느낌을 받아. 그래서 참 행복해.

나는 늘 사랑을 이야기하고 사랑을 바라던 사람인데도 사랑이라는 감정이 뭐였는지 잊고 살았던 거 같아. 근데 Y를 만나고 사랑이 이런 거였다는 걸 다시 느끼고 있어. 그간 꾹꾹 누르고 살았던 예쁜 마음들을 꺼낼 수 있도록 해 줘서 고마워.

그간 사랑이라는 게 뭘까? 사랑에 대한 정의를 혼자서 내려 보고는 했는데 사실 명확한 답을 찾은 적은 없던 거 같아. 근데 Y를 만나면서 느껴 사랑은 그냥 당신 이름 세 글자구나. 나에게 사랑은 Y라는 생각을 참 많이 하는 요즘이야.

치열하게 살아오며 Y의 마음속에 생긴 아픔들 내가 끌어안아 줄게. 그리고 앞으로 혹시나 우리에게 아픈 일이 생겨도 서로 끌어안고 사랑으로 채우면서 만나자, 우리.

정말 많이 사랑해. S가."

지나간 사랑도 사랑이었구나

첫사랑이 끝났다. 내가 먼저 이별을 고하는 날이 올 줄은 정말 몰랐을 만큼 사랑했는데, 사람 마음이라는 게 참 그렇다. 이별을 고한 건 나였지만, 그렇게 해야만 하는 상황이 나에게 왔다는 사실이 슬퍼 펑펑 울었다.

우린 참 많이 싸웠다. 싸움의 이유는 대부분 그 사람의 고질적인 습관 때문이었고, 반복되는 다툼은 내 마음을 점점 지치게 만들었다. 그렇게 우린 첫 번째 이별을 맞았다.

반년쯤 지나 다시 만났고, 잠시 괜찮은 듯 보였지만 결국 똑같은 일이 반복되었다. 이번엔 확실히 알 수 있었다. 내 마음이 진짜로 끝났다는 걸. 두 번째 이별을 고하던 날,

이번엔 다를 줄 알았는지 평소 눈물 한 방울 없던 사람이 울며 더 잘하겠다며 나를 붙잡았다. 그 눈물을 보자 괜히 미안해졌고, 나도 같이 울다가 결국엔 웃으면서 이렇게 말했다.

"그러게, 있을 때 잘하지 그랬어. 바보같이 울긴 왜 울어, 울지 마."

그냥 그 사람 탓이라도 하면 내가 조금 덜 힘들까 싶었던 것 같다. 그게 우리의 마지막이었고, 나는 그 후로 일주일 동안 매일 울었다. 그를 잃은 슬픔이었는지, 소중한 사랑이 사라졌다는 상실감이었는지, 그 감정의 정체는 알 수 없었다.

문득, 스스로에게 물었던 적이 있다.

'지나간 사랑은 더 이상 사랑이 아닌 걸까? 내가 했던 그 사랑은, 어디로 사라진 걸까?'

답을 찾지 못한 채 시간은 흘러 어느덧 2년이 지났다. 그러던 어느 날, 전혀 예상치 못하게 그 사람과 통화를 하게 되었다. 묘한 기분이었지만 반가웠다. 우리는 지난날을 떠올리며 웃으며 이야기했다.

"우리 햄버거 진짜 자주 먹었던 거 기억나?"
"아, 맞아. 그랬었지."

그는 잠시 머뭇대더니 뜻밖의 말을 꺼냈다.

"근데 그거 알아? 나 사실 햄버거 별로 안 좋아해."

장난스럽지만 쓸쓸함이 묻어나는 말에, 순간 아무 말도 할 수 없었다. 나름 눈치 빠르고 남을 잘 살핀다고 생각했는데, 한 번도 그런 걸 눈치 채지 못했으니까. 괜히 미안한 마음이 밀려왔다.

"다른 거 먹자고 말하지…. 너무 미안하네."

나의 중얼거림에 그가 웃으며 말했다.

"근데 이상하게 너랑 같이 먹으면 진짜 맛있었어."

그 한마디에 2년간 답하지 못했던 질문이 풀렸다.

지나간 사랑도 사랑이었다는 것.
그 사랑을 품고 살아갈 수 있다는 것만으로도 큰 선물이라는 것.

"우리 진짜 운 좋은 거 같아. 그렇게까지 사랑했던 추억을 좋은 마음으로 품고 살아갈 수 있잖아. 어떤 사람은 나이가 많이 들어서도 못 해보기도 한다더라."

나의 말에 그는 웃으며 맞다고 대답했고 나는 말을 이어갔다.

"사실 헤어지고 나서 우리가 했던 사랑이 다 사라지는 것 같아서 슬펐거든. 지나간 사랑은 의미가 없는 건가 싶었어. 근데 이제야 알겠어. 사라지는 게 아니라 남아 있었던 거구나."

"그렇게 말해줘서 고마워."

지나간 사랑도 사랑이었다. 그 시절이 있었기에 지금의 내가 있고, 그 추억을 부드럽게 안고 살아가는 지금, 나는 나의 옛사랑에 고마움을 느낀다.

오늘 밤, 그 시절의 우리에게 조용히 인사를 보낸다.

잘 있었지? 덕분에 나도 잘 지내고 있어.

우연 혹은 운명

21살이 되던 해, 친구들과 술 한 잔을 기울이고 술기운에 클럽으로 향했다. 사람들 무리 속에서 누군가가 현란하게 춤을 추고 있었고, 많은 사람들이 구경 중이었다. 그런데 그 틈에 익숙한 남자가 눈에 들어왔다. 심장이 콩닥콩닥 뛰기 시작했다. 무언가에 홀린 듯 사람들 사이를 비집고 들어가 그의 옆으로 다가가 어깨를 톡톡 치며 이름을 불렀다. 남자는 나를 보고 놀란 눈을 했다. 안에서 대화가 어려워 우리는 밖으로 나와 근처 건물 앞 계단에 나란히 쪼그려 앉았다.

"여기서 만날 줄은 진짜 상상도 못 했어."

우리는 중학교 동창이었다. 코흘리개 시절, 연애라고 하기에도 부끄러운 풋사랑을 했던 사이라 그냥 친구를 만난 듯 반가웠다. 우리는 서로의 안부를 물었고 남자가 지금 군인이라는 사실을 알게 되었다.

"휴가 나와서 친구들이랑 놀러 나온 건데 여기서 보니까 너무 반갑다."

남자는 다음 날 약속이 있어서 이제 집에 가려고 한다며 내 번호를 알려달라고 했고, 우리는 번호를 주고받은 뒤 헤어졌다. 남자가 떠난 뒤 친구들에게로 돌아갔는데 술기운 때문인지 시끄러운 음악 때문인지, 그를 만난 게 꿈처럼 느껴졌다.

그 뒤로 몇 번 연락을 주고받았지만 꾸준하진 않았다. 그는 다시 과거로 흘러갔고, 일 년이 흘러 22살이 됐다. 새로운 연애를 시작했지만, 순탄치 않았다. 그날도 남자 친구와 다투고 집으로 가는 길, 버스에서 내려 횡단보도를 건너다 익숙한 뒷모습을 발견했다. 망설이다 그의 이름을 힘껏 불렀다. 그가 돌아봤고, 또 놀란 눈빛으로 나를 바라봤다. 같은 동네라지만 마주칠 일이 드문 거리였다. 반가움에 횡단보도 앞에서 한참 이야기를 나눴다. 그는 나를 집 앞까지 데려다주겠다고 했다. 우리는 집 근처 편의점 앞에 앉아 못다 한 이야기를 나눴고, 그때 우린 스케이트보드라는 공통 관심사가 있다는 걸 알았다. 그러나 나에겐 남자친구가 있었기에 그는 또다시 과거 속으로 묻혔다.

시간은 흘러 벚꽃이 흩날리는 봄, 결국 나는 남자 친구와 헤어졌다. 그리고 마치 약속이라도 한 듯, 얼마 뒤 그에게서 연락이 왔다. 이번엔 자주 연락했고, 스케이트보드를 타며 자주 만났다. 하지만 친구 이상으로 발전하지 않았다. 어쩌면 나만 미련을 품었을지도 모른다. 이유야 어쨌든, 더 이상 그에게 마음을 쓰고 싶지 않았다.

시간이 흘러서 여름이 오고, 온 세상이 초록으로 물들 무렵, 새로운 사람이 나타났다. 이전과 달리 모든 게 확실했고, 나는 진심으로 그를 좋아하며 행복한 연애를 시작했다. 그런데 연애를 시작한 지 얼마 안 됐을 때, 그에게서 전화가 걸려왔다. 핸드폰에 뜬 그의 이름을 잠시 바라보다가, 결국 받지 않았다. 그 순간 그는 내게 완벽한 과거가 되었다.

몇 년 뒤, 혼자 마트에 가던 길. 우연히 그가 한 여자의 손을 잡고 걸어가는 모습을 보았다. 그는 나를 보지 못했지만, 그 행복한 모습이 나를 미소 짓게 했다. 그리고 생각했다.

'우리가 우연이었는지 운명이었는지 모르겠지만, 이런 인연도 있구나. 다행이야, 근데 우리가 이어지지 않아서 나는 참 다행이라고 생각해. 이렇게 너를 좋게 기억하고, 네 행복을 미움 없이 응원할 수 있으니까. 어디서든 행복해야 해.'

미친 부분을 알아준다는 것

누구나 저마다의 '미친 부분'이 있다. '미쳤다'는 말 그대로가 아니라, 누군가에게는 낯설고 이해하기 어려운 부분을 말한다. 특이한 음식 취향, 독특한 영화나 음악 선호, 이상한 버릇, 기묘한 취미, 혹은 엉뚱한 성격일 수도 있다.

나에게도 그런 부분이 몇 개 있다. 그중 하나는 새로운 것에 도전하는 걸 극도로 불편해하는 성향이다. 새로운 게 주는 스트레스가 나를 짓누른다. 여기까지는 '그게 왜 미친 부분이지?'라고 생각할 수 있겠지만 나는 새로운 영화, 드라마, 예능을 보는 것조차 새로운 것에 대한 도전이라고 느낀다. 그래서 좋아해서 대사를 외울 정도로 똑같은 작품을 반복해서 본다. 새로 개봉한 영화를 보러 영화관에 가지 않는 것도 이 때문이다. 새로움이 주는 예측불허함이 나를 항상 불안하게 만든다.

누군가는 이를 이해하기 어려워할 거다. 나를 이상한 사람, 심지어 고집 센 사람으로 볼지도 모른다. 하지만 나는 그들을 비난하지 않는다. 내가 틀린 것도, 그들이 틀린 것도 아니기 때문이다. 우린 그저 성향이 다른 사람일 뿐.

어려운 일이겠지만 가능하다면 서로의 '미친 부분'을 이해하고 받아주는 사람을 만나야 한다고 생각한다. 여기서 가장 놀라운 건, 그런 사람을 만나면 당신의 미친 부분이 더 이상 이상하지 않다는 점이다. 그 사람 눈에는 그저 사랑스럽고 귀여운 부분이 된다.

내가 익숙한 영화를 반복하며 안도하는 순간, 누군가는 내 곁에서 그 장면을 함께 웃으며 즐길 거다. 그게 진짜 건강한 사랑 아닐까? 서로의 낯선 부분을 끌어안고, 그것마저 빛나게 만드는 일 말이다.

아파도 끌어안을 수 있는 게 사랑이다

여자는 상처가 많은 사람이었다. 특히 마지막 이별은 그중에서도 최악이었다. 노래를 무척 좋아하던 여자에게 남자는 자신의 마음을 담아 많은 노래를 추천해 주곤 했다. 덕분에 여자의 플레이리스트는 하나둘씩 남자가 건넨 마음으로 가득 채워졌다.

"어디서 많이 들어본 것 같은 노래네요."

"너무 아픈 사랑은 사랑이 아니었음을, 김광석 노래예요."

"노래 좋네요."

여자와 남자는 만날 때마다 함께 노래를 들었다. 어느

날, 여자는 남자에게 물었다.

"아프면 사랑이 아닌 걸까요?"

여자의 사랑은 늘 아팠다. 담담히 던진 질문에 남자는 잠시 생각하더니 웃으며 말했다.

"글쎄요. 근데 우리는 안 아플 거예요."

그리고 여자의 이마에 가만히 입을 맞췄다.

그가 채워준 플레이리스트는 여자에게 행복이었다. 하지만 그 행복은 곧 고통으로 바뀌었다. 남자는 플레이리스트만 남긴 채 여자의 세상에서 사라졌다. 여자는 노래를 정말 좋아하는 사람인데 한동안 노래를 듣지 않았다. 아니 듣지 못했다. 노래 하나에 무너져 내리고 싶지 않았기 때문이었다. 우연히라도 남자가 추천해 준 노래가 흘러나오기라도 하면 빠르게 그 자리를 벗어나곤 했다. 그렇게 남자도, 노래도 없던 사람처럼 지워내며 일상을 보냈다.

그러던 어느 날, 여자의 인생에 또 한 사람이 들어왔다. 영어 공부를 시작하며 다니게 된 학원에서 만난 남자였다. 남자는 늘 밝게 인사했고, 어느 날 학원 끝나고 집 방향이 같아 두 사람은 함께 걷게 됐다.

"노래 좋아해요?"

남자의 질문에 여자는 순간 자신도 모르게 인상을 찌푸렸다.

"별로 안 좋아해요."
"진짜요? 노래 좋아하실 것 같았는데."

여자는 아무 말이 없었고 남자는 농담 섞인 말투로 여자에게 물었다.

"아니면 노래가 아니라 내가 별로라 그런 건가?"

남자의 말에 여자는 살짝 웃음을 터트렸고 그렇게 여자와 남자는 조금씩 친해지기 시작했다. 둘은 학원 밖에서도 자주 만났고 어느 주말에는 남자가 좋은 곳을 데리고 가고 싶다며 여자와 약속을 잡았다. 즐겁게 하루를 보내고 저녁이 되자 남자는 자신이 좋아하는 LP 카페로 여자를 데리고 갔다.

"내가 정말 좋아하는 곳이라 꼭 데리고 오고 싶었어."

잠시 지난 연애가 스쳤지만 여자는 애써 티 내지 않고 자리에 앉았다. 그곳은 LP를 고르면 함께 헤드폰으로 노래를 들을 수 있는 곳이었다. 남자는 여자에게 잠시 기다리라고 하곤 어디선가 LP를 가지고 왔는데 놀랍게도 김광석의 '너무 아픈 사랑은 사랑이 아니었음을'이었다.

여자는 아무 말 없이 노래를 들었다. 하지만 곧 마음이 무너질 것 같아 조심스럽게 헤드폰을 벗었다. 남자도 헤드폰을 내려놓고 여자를 바라봤다. 여자는 메마른 입술을 살짝 물었다가 남자에게 물었다.

"너무 아프면 사랑이 아닌 걸까?"

남자는 살짝 미소를 짓더니 헤드폰을 테이블에 내려놓고는 여자의 얼굴에 붙은 머리카락을 정리하며 대답했다.

"아니, 그것도 사랑이야. 아파도 끌어안을 수 있는 게 사랑이지."

그리고는 여자의 손을 꼭 잡고 이어 말했다.

"서로에게 아픔이 있다면 그걸 끌어안고 사랑으로 채워가면서 만나보자, 우리."

맞잡은 손이 따뜻했다. 여자는 그 온기에 조금씩 마음이 풀리는 걸 느꼈다.

이별의 상처를 겪고 나면, 누군가 진심으로 다가와도 쉽게 받아들이기 어렵다. 과거의 아픔에 묶여 또다시 상처 받을까 두려워 스스로를 옥죄기 때문이다.

영화 〈실버라이닝 플레이북〉에 이런 대사가 나온다.

"삶이 보내는 신호를 놓치지 마. 삶이 주는 이런 기회를 잡지 않는 건 죄야. 어떻게든 움켜잡아야 하지. 안 그러면 평생 후회한다. 지금은 네 인생에서 아주 중요한 고비야. 그 아이는 널 정말 사랑해. 그러니 내 말 들어, 이번엔 망치지 마."

나도 한때는 마음을 닫고, 누구에게도 쉽게 다가가지 못하던 시기가 있었다. 기회가 와도 손 내밀 용기가 없었고, 좋은 사랑은 다시 오지 않을 것 같았다. 어느 날에는 억울함마저 밀려왔다. 왜 과거의 상처 때문에 이렇게 살아야 하나 싶었다. 두려움과 답답함 속에서 나는 결심했다. 두렵더라도 이번엔 정면으로 부딪혀보자고. 쉽지 않았지만 그건 내 인생에서 가장 가치 있는 도전이었다. 그 용기 덕에 지금의 사랑을 만났으니까.

아픈 이별이 두려워 피하기만 한다면, 그 상처는 모습을 바꿔 당신 앞에 계속 나타날 것이다. 하지만 한 번이라도 용기를 내어 정면으로 마주한다면, 당신은 그 아픔을 이겨낸 사람이 될 것이다. 그리고 그만큼 눈부시게 성장해 있을 것이다.

훗날, 그 용기가 쌓이고 쌓이면 깨닫게 될 것이다. 두려웠던 순간들이 사실은 당신을 더 깊은 사랑으로 이끄는 다리였음을. 그러니 이번만큼은 사랑이 보내는 신호를 놓치지 말고 꽉 붙잡아라. 아픔 너머, 새로운 만남이 당신을 기다리고 있다.

"과거의 실패를 극복하고 그것을 변화시키는 희망이야말로 인간이 가질 수 있는 최고의 매력이다."
-앙드레 모루아 *(André Morua)*

달라도 괜찮을까?

"우리는 진짜 너무 달라."

친구가 하소연이 시작됐다. 내가 봐도 둘의 성격은 정말 달랐다. 친구는 작은 일에도 고민과 걱정이 많은 사람이지만, 친구의 남자 친구는 좋은 게 좋은 거라며 약간 회피형 기질이 있는 사람이었다.

"나는 서운한 걸 그때그때 빨리 풀고 싶은데, 왜 늘 피하기만 하는지 모르겠어. 그리고 남자 친구도 나한테 서운한 게 있는 것 같은데, 도통 말을 안 해."

"서운한 거 있냐고 물어는 봤어?"

그러자 친구는 몇 번을 물어보기도 하고, 서운한 게 있으면 본인처럼 얘기해달라고 부탁까지 하며 남자 친구를 어르고 달랬다고 한다. 남자 친구는 그런 대화 자체를 버거워했다고 했다.

"그래서 이제는 서운한 게 있어도 말하면 안 될 거 같아. 그러다가 이 관계가 틀어질 거 같아서 무서워…."

친구는 마른세수를 하며 괴로워했다.

"내가 문제인 것 같고, 꼭 내가 틀린 사람 같아."

그렇다. 이렇게 다름에서 오는 타격이 있다. 그리고 그 타격은 관계를 통째로 흔든다. 친구가 물었다.

"너는 어떻게 생각해? 이렇게 다른 사람끼리 연애해도 괜찮을까?"

나는 잠시 생각하다 대답했다.

"달라도 연애할 수 있지. 근데 일단 그 다름을 서로가 어떻게 받아들이는지가 가장 중요한 거 같고, 다른 부분이 어떤 부분인지도 중요한 거 같아. 나는 적어도 싸우는 방식이나 그 싸움을 해결하는 방식은 비슷해야 한다고 생각하거든. 싸운다는 건 그 관계가 극으로 치달은 상태잖아. 그래서 두 사람 다 감정적일 거라고. 근데 싸우는 방식이 너무 다르면 그 간극을 좁히기가 어려운 거 같아. 싸우는 방식이나 그걸 해결하는 방식이 안 맞으면 내가 틀린 것처럼 느껴지거든, 아까 네가 말한 대로 말이야. 문제는 그런 일이 반복되면 싸우다가 헤어지게 될까 봐 두려워서 혼자서 서운함을 쌓아두는 거야. 그럼 속은 결국 문드러지고 자존감도 떨어지겠지."

친구의 얼굴을 보니 씁쓸한 미소가 번졌다.

"네가 원하는 답은 아닐 거야. 하지만 나는 이렇게 생각해. 나도 짧게는 몇 개월, 길게는 6년까지 연애해 봤잖아. 그 긴 연애가 가능했던 건 싸우는 방식과 해결 방식이 맞았기 때문이야. 그거 아니면 설명이 안 돼."

친구는 공감한다는 듯 말없이 고개만 끄덕였다. 그런 친구를 바라보다가 커피를 사 오겠다며 잠시 자리를 떴다.

복잡한 마음일 친구에게 생각할 시간을 주고 싶었다. 결국, 자신의 관계가 맞는지 아닌지는 본인이 가장 잘 안다. 하지만 한 가지 확실한 건, 다름을 이해하고 안으려는 노력이 사랑을 단단하게 만든다는 거다. 그 과정에서 서로의 자존감을 지키며 균형을 찾아간다면, 달라도 충분히 사랑할 수 있다.

우주

연인의 말과 행동에 기분과 컨디션이 좌지우지되고, 연락의 빈도수와 연인의 모든 것에 집착하는 자신의 모습에 스트레스를 받는 이들이 있다. 이런 고민을 토로하는 사람들을 가만히 보고 있으면 공통점이 하나 있는데, 연애만 시작하면 나의 세상이 그 사람을 중심으로 돌아간다는 것이다. 내가 하나의 우주라고 가정했을 때, 나의 우주가 완전히 그 사람이 돼버리는 것이다. 그래서 그의 말 한마디, 행동 하나에 내 모든 것이 좌지우지된다.

만약 그 연인이, 나의 전부였던 우주가 갑자기 사라진다면? 소중한 우주가 한순간에 사라졌다는 상실감에 엄청

난 고통을 느끼게 될 것이다. 그러니 내 우주를 한 사람에게만 맡겨서는 안 된다.

우주는 온전히 나의 것이다. 그 우주 안에는 일, 공부, 가족, 친구, 취미, 가치관, 신념 같은 수많은 행성이 있는데, 연인 역시 그중 하나의 행성일 뿐이다. 태양계에도 사라지면 큰 영향을 미치는 행성, 그렇지 않은 행성이 있다. 하지만 그 모두가 완벽한 균형 속에서 돈다. 나의 우주도 마찬가지다. 내 우주에 속한 모든 이들을 소중히 여기고 사랑해야 한다. 연인이 사라져도 우주는 무너지지 않는다. 그저 한 행성을 떠나보낸 아픔 속에서 새로운 균형을 찾아갈 뿐이다.

기억해라. 우주의 주인은 당신이어야 한다. 연인을 사랑하되, 삶의 모든 행성을 아껴 균형 있게 빛나길 바란다. 그럴 때 당신의 사랑은 더 단단하고 아름다워질 것이다.

이덕자, 우리 할머니

"이번에 할머니 퇴원하시면 꼭 사랑한다고 얘기하려고, 손도 잡아드리고 포옹도 해드릴 거야. 마음에만 담아두고 한 번도 못 했네, 바보 같이."

친구와 술 한 잔을 하며 씁쓸하게 얘기했다. 우리 외할머니, 이덕자 여사님께서는 어릴 때부터 나와 동생을 엄마처럼 키워주셨다. 보험도 열심히 하셔서 보험 여왕도 여러 번 하실 정도 일도 잘하시고 집안일도 잘해 우리 가족을 지켜주는 큰 산 같은 분이셨다.

어느 날부터 점점 몸이 안 좋아지기 시작해 대학 병원을 주기적으로 모시고 다녀야 했다. 시간이 지나면서는 내

원뿐 아니라 입원도 잦아졌다. 병원에 계실 땐 내가 늘 간병인 역할을 했지만, 그럼에도 모질게 대할 때가 많았다. 좋은 손주는 아니었다. 그래서 이번에 퇴원하시면 꼭 사랑한다고 손을 잡아드리고 싶었다. 그런데 친구에게 그렇게 말한 지 이틀 만에, 그 약속을 영영 지킬 수 없게 됐다.

우리 할머니가, 우리 이덕자 여사가 이렇게 쉽게 갈 리가 없는데… 그럴 리가 없는데…. 설마설마하며 병원에 도착했을 땐 자동 심폐소생 장치가 의미 없는 펌프질만 하고 있었다. 의사 선생님은 결정을 해야 한다며 조심스레 말을 꺼냈다. 낮잠 주무시듯 평온한 얼굴이라 믿고 싶은데, 살려달라고 빌고 싶었는데…. 그날의 현실이 너무 잔인했다.

"내가 그렇게 굳게 결심했는데 왜 벌써 가셔, 사랑한다고 말할 기회도 주지 않고 가시냐고…. 우리 얼굴이라도 보고 가시지…."

그 후회가 아직도 비수처럼 가슴을 찌른다. 근데 인생은 우리를 기다려주지 않는다. 돌아보면 그 사이사이 기회는 늘 있었다. 단지 내가 그걸 잡지 못했을 뿐. 너무 어리

석어서, 너무 무지해서 그 기회를 보지 못했다. 가슴이 미어지다 못해 장기가 배배 꼬이는 고통을 겪은 나는 절대 같은 후회는 하지 않으리라 다짐하고 또 다짐했다. 그래서 지금 내 곁에 있는 사람들에게 항상 최선을 다하고 후회를 남기지 않으려고 매 순간 노력한다.

짜증내고 뒤돌아서 집 밖을 나간 그 순간이 마지막일 수 있다. 서로 이를 갈며 싸운 그 순간이 마지막일 수 있다. 잔소리를 늘어놓으며 모진 소리를 한 그 순간이 마지막일 수 있다. 우리는 늘 내일이 올 거라 믿지만, 그 내일이 없을 수도 있다. 그러니 사랑하는 이들과 최선을 다해서 지금 행복하고, 오늘 사랑해야 한다. 그렇게 해도 이별하게 되면 분명 못했던 것만 떠올라 후회할 것이다. 그래서 나는 '그래도 그때 그렇게 최선을 다했었지.'라며 떠올릴 수 있는 기억을 많이 만들어 놓으려고 한다. 그 기억들이 많을수록, 남겨진 날들 속에서도 나 자신을 조금은 다독일 수 있을 테니까.

사랑은 지금이다. 나는 오늘, 사랑하는 이들과 함께하는 이 순간에 집중하며 인생을 살아가고 있다.

자식이 참 귀해

똑같은 이유로 싸우고 복잡한 마음으로 운전해 집으로 향했다. 이 사람이 아니라는 걸 알면서도, '그래도 사랑하니까….'라는 생각으로 몇 번을 참고 있는지 모르겠다. 창문을 열고 고속도로를 달렸지만 시원한 바람과 달리 마음은 후덥지근하고 답답했다. 그렇게 한참을 달려 집 앞 주차장에 차를 세우고 큰 한숨을 쉰 뒤 아무렇지 않은 척 집으로 들어갔다.

문을 열자마자 엄마가 반갑게 맞아 주셨다. 괜히 아무 일도 없었던 척, 배고프다며 국수를 해 달라고 투정을 부렸더니 엄마는 금세 뚝딱 차려 주셨다. 엄마와 마주 앉아 국수를 먹으니 가라앉지 않던 마음이 조금씩 풀렸다. 맛있다며 연신 감탄하자 엄마는 흐뭇하게 웃으셨다.

"자식이 참 귀해."

엄마가 자주 나에게 해 주시던 말인데 그 순간 그 말에 마음이 울컥해서 눈물이 날 것 같은 걸 꾹꾹 참고는 국수를 마저 먹었다. 설거지를 끝내고 방에 들어와 의자에 앉자, 방금 엄마가 한 말과 나를 사랑해 주는 이들이 떠올랐다. 엄마는 자신은 조금 부족해도 늘 부족하지 않게 나를 키워 주셨다. 본인 먹을 밥은 미루면서도 내 밥은 언제나 먼저 챙겨 주시고, 내가 힘들 땐 그 누구보다 나를 걱정해 주셨다. 나를 이렇게 아껴 주는 사람들이 있는데, 왜 나는 나를 아프게 하는 관계를 놓지 못하고 붙잡고 있었을까.

참고 있던 눈물이 결국 터졌다. 책상에 엎드려 한참을 울고 나니 마음이 조금 가벼워졌다. 거울을 보니 얼굴 여기저기에 휴지 조각이 붙어 있었다. 그것들을 하나씩 떼어 내다 보니 정신이 맑아졌다.

곧장 핸드폰을 들어 전화를 걸었다. 나를 위해서 끝낼

용기가 없다면, 나를 사랑하는 이들을 위해서라도 이제는 끝내야 했다. 더는 나를 귀하게 여기는 사람들의 마음을 헛되게 만들고 싶지 않았다.

"우리 그만하자."

아름답다

내가 참 좋아하는 말이 있다. 바로 '아름답다'라는 말이다. '예쁘다', '멋지다'도 좋지만, 아름답다는 말엔 그 이상의 뜻이 담겨 있는 것 같아 더 좋다. 실제로 아름답다의 어원에는 여러 가설이 있는데, 내가 좋아하는 건 두 가지다.

하나는 '앎', '알다'에서 비롯되었다는 것. 또 하나는 '나(我)'를 가리키는 말에서 시작되었다는 가설이다. 그래서 아름답다는 말은 '나를 안다', '나다운 것'이라는 뜻을 담고 있다.

나를 알고, 나답게 사는 것.
그것이 진짜 아름다움이다.

감사하게도 나는 자존감이 높아 보인다는 이야기를 자주 듣는다. 그 사실과 다르게 나는 자존감이 낮았던 사람이다. 청소년기와 20대 초반까지 몸무게도 많이 나갔고, 나를 꾸미는 데에도 관심이 없었다. 그래서 자존감이 무너질 일도 없었던 것도 사실이다. 그런데 살이 빠지고 꾸미기 시작하면서 사람들이 다가왔고, 그때 여러 관계가 생기면서 상처가 하나씩 생겼다. 올바르게 나를 사랑하는 법을 몰랐던 나는 엉뚱한 것으로 자존감을 채웠고, 결국 스스로에게 상처 주는 선택을 반복했다. 그러다 문득 궁금해졌다. 내가 존경하고 멋지다고 느낀 사람들은 뭐가 다를까? 유심히 보니 그들은 자신을 외적으로, 내적으로 가꾸고 있었고 항상 자기 분야에서 최선을 다하고, 자신에게 어울리는 것과 좋아하는 것을 탐구하고 있었다.

"아, 저거구나."

그들은 늘 '나'를 알아가고 있었다. 그래서 나도 나를 알아보기로 결심했다. 내가 어떤 사람인지, 무엇을 좋아하고 싫어하는지, 무엇을 할 때 가장 행복한지 알고 싶었다.

취미도 만들고, 여행도 가고, 퍼스널 컬러도 받고, 메이크업도 배우며 사소한 것부터 큰 것까지 하나씩 알아갔다. 여전히 지금도 나를 알아가기 위해 꾸준히 노력 중이다.

사람은 죽을 때까지 배운다는데, 그 배움엔 나를 배우는 것도 포함된다. 소크라테스의 '너 자신을 알라'라는 말이 나이를 먹을수록 더 크게 와 닿는다. 나를 알아가다 보면 애써 외면했던 진실과 내 못난 모습 마주해야 한다. 마냥 덮어두면 썩어 곰팡이가 피어나 다른 것까지 상하게 하기에 마주하고 인정하고, 조금씩 고쳐나가면 된다. 진짜 아름다움이란, 진흙 속에서 피어나는 맑은 연꽃처럼, 나를 알아가는 치열함 속에서 서서히 피어난다.

내가 사랑하는 말.
아름답다.

따뜻하게 오래 보자

요즘엔 그저 평안하고 무탈하기를 바란다. 어릴 땐 어른들이 술잔을 기울이며 "평안과 무탈이 최고야" 하시던 말이 그저 덤덤히 흘려들었는데, 이제는 그 말의 무게를 조금씩 이해해 가는 나이가 되어 버렸다. 유난스럽게 기쁜 일이 없어도 되니 그저 사랑하는 이들이 건강하고 잔잔한 바다 같길 진심으로 바란다. 그런데 살아보니 그게 가장 어렵다는 걸 깨닫는다. 많은 사람이 하루를 부지런히 살아내는 건, 결국 평안하고 무탈한 인생을 지키기 위함이 아닐까 싶다.

사람 관계도 같다. 많은 이들이 사랑하는 사람과 뜨겁

지 않아도 좋으니, 따뜻한 온기를 오래도록 나누길 바란다. 그래서인지 종종 받는 질문 중 하나가 "어떻게 하면 오래 연애할 수 있나요?"라는 말이다. 우리 모두 결국 관계에서도 '평안하고 무탈함'을 바라고 있는 거다. 나 역시 그걸 가장 바라는 사람이기에 소중한 이들에게 꼭 이 말을 건넨다.

"우리, 따뜻하게 오래 보자."

우리 관계가 뜨겁지 않아도 되니 그냥 따뜻한 온도를 쭉 유지하면서 오래 볼 수 있기를 진심으로 바란다.

우리 따뜻하게 오래 봐요.

마지막 한 조각이 남는 관계

아끼는 사람들과 오랜만에 둘러앉아 식사하는 날이었다. 나이가 들고 각자 하는 일이 달라지니 자주 모이기가 어려워 한 번 만나면 정신없이 수다를 떨게 된다. 그렇게 신나는 식사가 마무리 되어가던 그때, 접시에 덩그러니 남아있는 음식 한 조각이 보였다.

"우리 항상 이렇게 음식 한 조각씩 남는 거 알아요?"

모두들 접시에 남은 한 조각을 보더니 이내 똑같은 미소를 지었다.

"다들 진짜 좋은 사람인 거 같아요. 나는 내가 솔직히 좋은 사람인지 모르겠는데 언니들이랑 대현이는 좋은 사람 맞아."

그러자 무슨 소리를 하는 거냐면서 손사래를 치고 입이 마르도록 내게 칭찬을 해주었다. 그들의 따뜻한 말에 괜히 머리만 긁적이며 웃었다. 이 사소해 보이는 한 조각은 사실 배려와 애정, 서로를 살피는 마음의 흔적이었다.

나는 이렇게 마지막에 음식 한 조각이 남는 관계가 좋다. 그 한 조각은 누군가를 배려하는 마음, 서로를 챙기는 따스함, 그리고 함께한 순간의 소중함을 말해준다. 이 작은 습관이 우리를 이어주는 끈이 되어, 앞으로도 이 테이블에 다시 모일 날을 약속하는 것만 같다.

그냥 너에게 해주고 싶은 말

"많이 아팠지? 괜찮아. 이건 다 네가 행복으로 가기 위한 도약일 뿐이야. 너는 더 나은 사랑을 받을 자격이 있는 사람이거든. 잘했어. 네가 최고야. 사랑해."

내 이름 세 글자로 된 영화

나는 인생을 거대한 영화라고 생각한다. 우리는 각자의 이름 세 글자가 제목으로 빛나는 영화 속 주인공으로 살아간다. 지금 내가 이별을 겪었다면, 이 장면은 이별 후 홀로 빛나는 싱글 여성의 삶을 그리는 한 챕터일 것이다. 영화 속 주인공처럼, 나는 예쁜 카페에 앉아 향기로운 커피 한 모금을 음미하며 사색에 잠기고, 전시회에 홀로 찾아가 마음이 끌리는 작품 앞에서 시간을 잊는다. 때로는 차를 몰아 바다로 향해, 파도 소리를 벗 삼아 해변을 거닐고, 새로운 도전을 품으며 일에 열정을 쏟는다.

물론, 인생이라는 영화는 로맨틱 코미디처럼 늘 순조

롭지만은 않다. 하지만 생각해 보면, 영화는 길어야 3시간으로 압축된 이야기다. 우리 인생을 3시간으로 줄인다면, 얼마나 드라마틱하고 아름다워 보일까? 그래서 삶이 버거울 때, 나는 한 발 물러서 내 이야기를 제삼자의 시선으로 바라본다. 내 인생을 영화로 상상하는 건, 생각보다 큰 위로가 된다.

지금 당신의 영화는 어떤 장면인가? 어떤 음악이 흐르고, 어떤 감정이 화면을 채우는가? 그리고 그 영화는 어떤 결말을 향해 가는가?

당신의 이야기가 궁금하다.

당신의 영화가 궁금하다.

당신의 영화 제목은 무엇인가요?

_____

_____

_____

_____

_____

당신 영화는 지금 어떤 장면인가요?

지금 그 힘든 장면을 주인공은 어떻게 이겨내나요?

당신 영화는 어떤 결말을 가지고 있나요?

절대 사랑에 빠지지 말 것, 사랑을 할 것

나는 늘 빠져 죽을 듯한 사랑을 하며 연애했었다. 사랑은 원래 그렇게 하는 거라 생각했기에 설렘과 자극이 가득한 연애가 사랑의 전부라 믿었다. 그래서 툭하면 서로를 갉아먹는 싸움, 자존감을 떨어뜨리는 관계, 이 사람이 아니면 안 될 것 같은 중독적인 연애 흔히 'Toxic Relationship'이라 불리는 관계중독에서 벗어나지 못했다.

그렇게 사랑이라는 바다 속으로 점점 가라앉았다. 스스로를 죽이고 있던 꼴이다. 바다 깊이 침몰하던 어느 순간, 번뜩 깨달았다. 더 이상 사랑에 빠지기보다 사랑을 할 줄 아는 사람이 되고 싶다고. 서둘러 발버둥을 치며 물 밖으로 나왔다. 숨을 고르며 과거를 돌아본 나는 다시는 그런 선택을 하지 않겠다고 다짐했다.

그 다짐을 통해 경각심을 알리고자 만든 것이 '절대 사랑에 빠지지 말 것, 사랑을 할 것'이라는 '절사빠' 로고다.

근데 이 로고를 만들고 공개하던 날, 역설적이라고 해야 할지, 웃프다는 표현을 해야 할지 모르겠지만 오래 만나던 사랑과 이별을 했고, 그 덕에 절사빠를 열심히 실천할 수 있었다. 건강한 사랑을 위해 가장 먼저 한 일은 나 자신을 온전히 사랑하는 거였다. 나를 들여다보고, 내 상처를 보듬고, 나를 아끼는 시간을 가졌다. 나를 사랑할 줄 알게 되니, 자연스레 나와 맞는 사람을 선택할 기준이 생겼고, 타인을 올바르게 사랑할 힘이 생겼다.

과거의 나처럼 사랑에 빠져 허우적대다가 결국 그 사랑에 빠져 가라앉고 있다면, 용기를 내어 발버둥 치며 벗어나길 바란다. 그리고 호흡하며 나 자신을 올바르게 사랑하는 데 온 힘을 쏟는다면 건강한 사랑은 저절로 따라 올 것이다.

그러니 언제나 절사빠

"절대 사랑에 빠지지 말 것, 사랑을 할 것."을 기억하길.

당신의 사랑을 진심으로 응원하며.

epilogue

고맙습니다

안녕하세요. 슈히입니다.

먼저 여기까지 오는 내내 정말 고생 많으셨다는 이야기를 전하고 싶습니다. 고생하셨어요. 글 읽는 내내 마음은 어떠셨는지요? 제 글이 당신에게 조금이라도 위로가 되었을까요? 정말 제 온 마음을 담아서 한 글자, 한 글자 심혈을 기울여 썼답니다. 어떻게 하면 당신에게 따뜻한 위로가 될 수 있을까? 어떻게 하면 내 진심이 전달될까? 이것들을 고민하며 썼다, 지웠다를 셀 수 없이 반복했던 거 같아요. 혼자서 글을 쓰는 것과 제 글을 세상에 내 놓는다는 건 하늘과 땅 차이만큼 다른 일이더라고요. 하지만 단

한 사람이라도 제 글을 읽고 위로가 되셨다면 저는 더할 나위 없이 기쁠 것 같습니다.

제 글 중에는 10년이 다 된 글들도 있답니다. 글이라는 건 아프고, 외롭고, 힘들고, 괴로웠던 저에게 큰 위로였어요. 글을 씀으로써 스스로 위로 받았고, 배우고, 성장할 수 있었거든요. 중간 중간 제 경험담을 각색해서 쓴 글들도 있어서 그런지 제 모든 것들을 다 드러낸 거 같아 조금은 부끄럽기도 해요. 그렇지만 이렇게 제 경험과 생각을 드러냄으로써 누군가가 위로 받을 수 있다는 걸 영상을 만들며 많이 느꼈기에 이번에는 저에게 늘 위로가 되어준 글로 당신에게 따뜻한 위로를 전해봅니다.

저에게 사랑을 하고 이별을 하는 과정은 단순히 좋은 사람을 찾기 위한 과정을 넘어 나를 찾아가는 과정이었어요. 사랑을 하고 이별을 하는 경험이 쌓이면 쌓일수록 저라는 사람이 보이더라고요. 그러니 꼭 당신도 당신 자신을 보는 순간이 오기를 바라요.

아, 그리고 마지막으로 저의 가장 큰 꿈 중 하나가 바로

제 책을 쓰는 거였어요. 근데 이 꿈은 당신 덕분에 이룰 수 있었어요. 제 글이 세상에 나올 수 있게 해준 당신에게 온 마음 다해서 감사의 인사를 전합니다.

고맙습니다. 당신 덕분이에요.

지금, 이 순간 행복하고 사랑하세요!

P.S. 나에게 사랑이 무엇인지, 행복이 무엇인지 알려주고 떠난 사랑하는 우리 외할머니 이덕자 여사님께 이 책을 바칩니다.

사랑에 빠지지 말 것 사랑을 할 것

초판 발행 | 2025년 7월 3일
11쇄 발행 | 2025년 10월 16일

글 | 슈히
발행인 | 신하영 이현중
펴낸곳 | Deep&Wide

편집 | 신하영 이현중 윤석표
디자인 | 이현중 김철
도서기획 | 신하영 이현중 김철 윤석표
마케팅 | 신하영 이현중 김철 윤석표

주소 | 서울특별시 마포구 양화로3길 55 어반오아시스 301호
이메일 | deepwidethink@naver.com
ISBN | 979-11-91369-66-3 (03810)

ⓒ 슈히, 2025

- 파본은 구입하신 서점에서 교환해 드립니다.
- 이 책은 저작권법에 의하여 보호받는 저작물이므로 무단 전재와 복제를 금합니다.
- 이 책의 내용 전부 또는 일부를 이용하려면 반드시 저작권자와 딥앤와이드의 동의를 받아야 합니다.

딥앤와이드는 책에 관한 아이디어나 조언 그리고 원고 투고를 언제나 기다리고 있습니다.
deepwidethink@naver.com으로 당신의 아이디어를 보내주시고 출간의 꿈을 이루어보시길 바랍니다.
당신도 멋진 작가가 될 수 있습니다.